陳福成著

陳福成著作全編

第六十四冊　臺灣大學退休人員聯誼會第九屆理事長記實

文史哲出版社印行

國家圖書館出版品預行編目資料

陳福成著作全編 / 陳福成著. -- 初版. --臺北
市：文史哲,民 104.08
頁： 公分
ISBN 978-986-314-266-9（全套：平裝）

848.6 104013035

陳福成著作全編

第六十四冊　臺灣大學退休人員聯誼會第九屆理事長記實

著　　者：陳　福　成
出 版 者：文 史 哲 出 版 社
http://www.lapen.com.tw
登記證字號：行政院新聞局版臺業字五三三七號
發 行 人：彭　正　雄
發 行 所：文 史 哲 出 版 社
印 刷 者：文 史 哲 出 版 社
臺北市羅斯福路一段七十二巷四號
郵政劃撥帳號：一六一八〇一七五
電話886-2-23511028・傳真886-2-23965656

全 80 冊定價新臺幣 36,800 元

二〇一五年（民一〇四）八月初版

ISBN 978-986-314-266-9 08981

陳福成著作全編總目

㊵我所知道的孫大公
㊶為中華民族的生存發展進百書疏
㊷金秋六人行
㊸漸凍勇士陳宏

捌、小說、翻譯小說

㊹迷情・奇謀・輪迴、
㊺愛倫坡恐怖推理小說

玖、散文、論文、雜記、詩遊記、人生小品

㊻一個軍校生的台大閒情
㊼古道・秋風・瘦筆
㊽頓悟學習
㊾春秋正義
㊿公主與王子的夢幻、
(51)迴游的鮭魚
(52)男人和女人的情話真話
(53)台灣邊陲之美
(54)最自在的彩霞
(55)梁又平事件後

拾、回憶錄體

(56)五十不惑
(57)我的革命檔案
(58)台大教官興衰錄
(59)迷航記、
(60)最後一代書寫的身影
(61)我這輩子幹了什麼好事
(62)那些年我們是這樣寫情書的
(63)那些年我們是這樣談戀愛的
(64)台灣大學退休人員聯誼會第九屆理事長記實

拾壹、兵學、戰爭

(65)孫子實戰經驗研究
(66)第四波戰爭開山鼻祖賓拉登

拾貳、政治研究

(67)政治學方法論概說
(68)西洋政治思想史概述
(69)中國全民民主統一會北京行
(70)尋找理想國：中國式民主政治研究要綱

拾參、中國命運、喚醒國魂

(71)大浩劫後：日本 311 天譴說
日本問題的終極處理
(72)台大逸仙學會

拾肆、地方誌、地區研究

(73)台北公館台大地區考古・導覽
(74)台中開發史
(75)台北的前世今生
(76)台北公館地區開發史

拾伍、其他

(77)英文單字研究
(78)與君賞玩天地寬（文友評論）
(79)非常傳銷學
(80)新領導與管理實務

總序：陳福成的一部文史哲政兵千秋事業

陳福成先生，祖籍四川成都，一九五二年出生在台灣省台中縣。筆名古晟、藍天、司馬千、鄉下人等，皈依法名：本肇居士。一生除軍職外，以絕大多數時間投入寫作，範圍包括詩歌、小說、政治（兩岸關係、國際關係）、歷史、文化、宗教、哲學、兵學（國防、軍事、戰爭、兵法），及教育部審定之大學、專科（三專、五專）、高中（職）等各級學校國防通識（軍訓課本）十二冊。以上總計近百部著作，目前尚未出版者尚約二十部。

我的戶籍資料上寫著祖籍四川成都，小時候也在軍眷長大，初中畢業（民57年6月），投考陸軍官校預備班十三期，三年後（民60）直升陸軍官校正期班四十四期，民國六十四年八月畢業，隨即分發野戰部隊服役，到民國八十三年四月轉台灣大學軍訓教官。到民國八十八年二月，我以台大夜間部（兼文學院）主任教官退休（伍），進入全職寫作高峰期。

我年青時代也曾好奇問老爸：「我們家到底有沒有家譜？」

他說：「當然有。」他肯定說，停一下又說：「三十八年逃命都來不及了，現在有個鬼啦！」

兩岸開放前他老人家就走了，開放後經很多連繫和尋找，真的連鬼都沒有了，茫茫無垠的「四川北門」，早已人事全非了。

但我的母系家譜卻很清楚，母親陳蕊是台中縣龍井鄉人。她的先祖其實來台不算太久，按家譜記載，到我陳福成才不過第五代，大陸原籍福建省泉州府同安縣六都施盤鄉馬巷。

第一代祖陳添丁、妣黃媽名申氏。從原籍移居台灣島台中州大甲郡龍井庄龍目井字水裡社三十六番地，移台時間不詳。陳添丁生於清道光二十年（庚子，一八四〇年）六月十二日，卒於民國四年（一九一五年），葬於水裡社共同墓地，坐北向南，他有二個兒子，長子昌，次子標。

第二代祖陳昌（我外曾祖父），生於清同治五年（丙寅，一八六六年）九月十四日，卒於民國廿六年（昭和十二年）四月二十二日，葬在水裡社共同墓地，坐東南向西北。陳昌娶蔡匏，育有四子，長子平、次子豬、三子波、四子萬芳。

第三代祖陳平（我外祖父），生於清光緒十七年（辛卯，一八九一年）九月二十五日，卒於（年略記）二月十三日。陳平娶彭宜（我外祖母），生光緒二十二年（丙申，一八九六年）六月十二日，卒於民國五十六年十二月十六日。他們育有一子五女，長子陳火，長女陳變、次女陳燕、三女陳蕊、四女陳品、五女陳鶯。

以上到我母親陳蕊是第四代，到筆者陳福成是第五代，與我同是第五代的表兄弟姊妹共三十二人，目前大約半數仍在就職中，半數已退休。

寫作是我一輩子的興趣，一個職業軍人怎會變成以寫作為一生志業，在我的幾本著作都詳述（如《迷航記》、《台大教官興衰錄》、《五十不惑》等」。我從軍校大學時代開始寫，從台大主任教官退休後，全力排除無謂應酬，更全力全心的寫（不含為教育部編著的大學、高中職《國防通識》十餘冊）。我把《陳福成著作全編》略為分類暨編目如下：

壹、兩岸關係

①《決戰閏八月》②《防衛大台灣》③《解開兩岸十大弔詭》④《大陸政策與兩岸關係》。

貳、國家安全

⑤《國家安全與情治機關的弔詭》⑥《國家安全與戰略關係》⑦《國家安全論壇》。

參、中國學四部曲

⑧《中國歷代戰爭新詮》⑨《中國近代黨派發展研究新詮》⑩《中國政治思想新詮》⑪《中國四大兵法家新詮：孫子、吳起、孫臏、孔明》。

肆、歷史、人類、文化、宗教、會黨

⑫《神劍與屠刀》⑬《中國神譜》⑭《天帝教的中華文化意涵》⑮《奴婢妾匪到革命家之路：復興廣播電台謝雪紅訪講錄》⑯《洪門、青幫與哥老會研究》。

伍、詩〈現代詩、傳統詩〉、文學

⑰《幻夢花開一江山》⑱《赤縣行腳•神州心旅》⑲《「外公」與「外婆」的詩》、⑳《尋找一座山》㉑《春秋記實》㉒《性情世界》㉓《春秋詩選》㉔《八方風雲性情世界》㉕《古晟的誕生》㉖《把腳印典藏在雲端》㉗《從魯迅文學醫人魂救國魂說起》㉘《60後詩雜記詩集》。

陸、現代詩（詩人、詩社）研究

㉙《三月詩會研究》㉚《我們的春秋大業：三月詩會二十年別集》㉛《中國當代平民詩人王學忠》㉜《讀詩稗記》㉝《嚴謹與浪漫之間》㉞《一信詩學研究：解剖一隻九頭詩鵠》㉟《囚徒》㊱《胡爾泰現代詩臆說》㊲王學忠籲天詩錄。

柒、春秋典型人物研究、遊記

㊳《山西芮城劉焦智「鳳梅人」報研究》㊴《在「鳳梅人」小橋上》㊵《我所知道的孫大公》㊶《孫大公思想主張手稿》㊷《金秋六人行》㊸《漸凍勇士陳宏》。

捌、小說、翻譯小說

㊹《迷情・奇謀・輪迴》㊺《愛倫坡恐怖推理小說》。

玖、散文、論文、雜記、詩遊記、人生小品

㊻《一個軍校生的台大閒情》㊼《古道・秋風・瘦筆》㊽《頓悟學習》㊾《春秋正義》㊿《公主與王子的夢幻》51《迴游的鮭魚》52《男人和女人的情話真話》53《台灣邊陲之美》54《最自在的彩霞》55《梁又平事件後》。

拾、回憶錄體

56《五十不惑》57《我的革命檔案》

58《台大教官興衰錄》59《迷航記》60《最後一代書寫的身影》61《我這輩子幹了什麼好事》62《那些年我們是這樣寫情書的》63《那些年我們是這樣談戀愛的》

64《台灣大學退休人員聯誼會第九屆理事長記實》。

拾壹、兵學、戰爭

65《孫子實戰經驗研究》66《第四波戰爭開山鼻祖賓拉登》。

拾貳、政治研究

(67)《政治學方法論概說》(68)《西洋政治思想概述》(69)《中國全民民主統一會北京行》(70)《尋找理想國：中國式民主政治研究要綱》。

拾參、中國命運、喚醒國魂

(71)《大浩劫後：日本311天譴說》、《日本問題的終極處理》(72)《台大逸仙學會》。

拾肆、地方誌、地區研究

(73)《台北公館台大地區考古・導覽》(74)《台中開發史》(75)《台北的前世今生》(76)《台北公館地區開發史》。

拾伍、其他

(77)《英文單字研究》(78)《與君賞玩天地寬》（別人評論）(79)《非常傳銷學》(80)《新領導與管理實務》。

我這樣的分類並非很確定，如《謝雪紅訪講錄》，是人物誌，但也是政治，更是歷史，說的更白，是兩岸永恆不變又難分難解的「本質性」問題。

以上這些作品大約可以概括在「中國學」範圍，如我在每本書扉頁所述，以「生長在台灣的中國人為榮」，以創作、鑽研「中國學」，貢獻所能和所學為自我實現的途徑，以宣揚中國春秋大義、中華文化和促進中國和平統一為今生志業，直到生命結束。我這樣的人生，似乎滿懷「文天祥、岳飛式的血性」。

抗戰時期，胡宗南將軍曾主持陸軍官校第七分校（在王曲），校中有兩幅對聯，一是「升官發財請走別路、貪生怕死莫入此門」，二是「鐵肩擔主義、血手寫文章」。前聯原在廣州黃埔，後聯乃胡將軍胸懷，「鐵肩擔主義」我沒機會，但「血手寫文章」的

「血性」俱在我各類著作詩文中。

人生無常，我到六十三歲之年，以對自己人生進行「總清算」的心態出版這套書。

回首前塵，我的人生大致分成兩個「生死」階段，第一個階段是「理想走向毀滅」，年齡從十五歲進軍校到四十三歲，離開野戰部隊前往台灣大學任職中校教官。第二個階段是「毀滅到救贖」，四十三歲以後的寫作人生。

「理想到毀滅」，我的人生全面瓦解、變質，險些遭到軍法審判，就算軍法不判我，我也幾乎要「自我毀滅」；而「毀滅到救贖」是到台大才得到的「新生命」，我積極寫作是從台大開始的，我常說「台大是我啟蒙的道場」有原因的。均可見《五十不惑》、《迷航記》等書。

我從年青立志要當一個「偉大的軍人」，為國家復興、統一做出貢獻，為中華民族的繁榮綿延盡個人最大之力，卻才起步就「死」在起跑點上，這是個人的悲劇和不智，正好也給讀者一個警示。人生絕不能在起跑點就走入「死巷」，切記！切記！讀者以我為鑒！在軍人以外的文學、史政有這套書的出版，也算是對國家民族社會有點貢獻，對自己的人生有了交待，這致少也算「起死回生」了！

順要一說的，我全部的著作都放棄個人著作權，成為兩岸中國人的共同文化財，而台北的文史哲出版有優先使用權和發行權。

這套書能順利出版，最大的功臣是我老友，文史哲出版社負責人彭正雄先生和他的夥伴們。彭先生對中華文化的傳播，對兩岸文化交流都有崇高的使命感，向他和夥伴致上最高謝意。

台北公館蟾蜍山萬盛草堂主人　陳福成　誌於二〇一四年
五月榮獲第五十五屆中國文藝獎章文學創作獎前夕

自序：寫作、創作，都是人生日記

我用寫作、創作，記錄人生走過的一些腳印，寫作成爲我生活的部份，出版的每一本書都是我的人生日記，我和許多有緣人的共同日記和回憶。

二〇一三年元月，我意外的接任「臺灣大學退休人員聯誼會」第九屆理事長，這是和我「黃埔屬性」完全不同的團體。抱著天命承擔和平常心、責任感的心情接下擔子，在理監事和組長們支持合作下，辦公室六要角（鵬佛、關姊、雅慧、志恒、明珠姊、秀錦）最辛苦，終於完成了一任兩年的任務。

本書也記錄這兩年來，和臺大各社團，包含教聯會、職工會、逸仙會等之互動、合作記事。我們摸出極佳的工作經驗，留下美好的回憶。尤其諸多大型活動之能，圓滿完成，校長楊泮池教授、總務長王根樹教授、主秘林達德教授、文康會主委江簡富教授、逸仙暨教授聯誼會理事長游若篍教授、職工會理事長楊華洲兄等支持配合，充份的行政和經費援助，始竟其功。我僅代表全體臺大退休人員，向各級長官師友致最高感謝之意。

本書是這兩年理事長任內重要工作的實記，以日記和照片展現這段時間伙伴們的努力過程。這麼多有緣人伴我寫出這段人生日記，是我三世修來的好因緣。出版成書，以和所有伙伴、會員、理監事，共同分享那些美麗的回憶。（臺灣大學退休人員聯誼會第九屆理事長、台北公館蟾蜍山萬盛草堂主人　陳福成　誌於二〇一五年元月吉日）

臺灣大學退休人員聯誼會第九屆理事長實記 2013-2014

目　次

①校長楊泮池教授（正中）和千歲宴主角們大合照，校長左右八人都是九十歲以上會員。①—⑫是千歲宴

②左起：教聯會理事長游若篍教授、職工會理事長楊華洲先生、校長楊泮池教授、筆者為退聯會理事長。

③千歲宴工作夥伴們。

④右上圖：與退聯會創會長、第一、二屆理事長宣家驊將軍合影，
　　　　他是臺大總教官退休。
⑤左上圖：千歲宴開席致詞。
⑥下　圖：左是鄭展堂教授，與筆者講話是李學勇教授。

⑦左是第四居理事長楊建澤教授與夫人，右是雅慧、明珠和志恒。

⑧左起：校長、關姐、筆者，此時正在看肚皮舞社團表演。

⑨會場一角。

⑩右上圖：筆者與官俊榮教授。
⑪左上圖：筆者與游教授。
⑫下　圖：門口的溫馨話語，裡面回眸一笑的，是退聯會秘書長劉鵬佛博士。

⑬主秘林達德教授致詞。（⑬—㊱是二〇一三年會員大會）。

⑭請各前任理事長同坐「壯膽」。

⑮大會主席（右）、主秘（左）。

⑯左起：第四任理事長楊建澤教授、第三任方祖達教授、副理事長何憲武教授、作者（第九任）、第七、八任丁一倪教授、第一、二任宣家驊將軍。

⑰活動組長陳志恒小姐報告，左是創會長宣將軍。

⑱主秘林達德教授代表校長致詞。

⑲創會長宣將軍講話。

⑳第三任理事長方教授講話。

㉑大合照。

㉒美麗的司儀美枝姊姊。

㉓俊歌（左）提供很多照片。

㉔溫馨、美麗！

㉕在退聯會辦公室

㉖大會一景

㉗重要工作報告

㉘大會一景。

㉙大會一景，左邊第一位是信義師兄，第三位是陳國華教授。

㉚大會一景。

㉛大會一景。

㉜大會一景。

㉝大會圓滿結束，右一美枝姊、右二昌栯兄。

㉞大會一景。

㉟久未見面的會員們。

㊱久未見面的會員們。

㊲擴大慶生會（二〇一四、八、二六，臺大巨蛋文康室）之一，副理事長何憲武教授（左）、本書作者（右）、**吳信義、俊歌攝，以下同**。

㊳之二，左起：吳普炎、邱淑美、關麗蘇、陳志恒、作　者、楊長基。

㊴之三，左起：信義師兄夫婦、本書作者與妻。

㊵之四，左起：田武勳、作者、邱淑美。

㊶之五，作者與妻。

㊷之六，妻參加臺大排舞社的舞展。

㊸之七，「吳信義國標舞團」的情義演出。

㊹之八，「陳美枝小提琴隊」。

㊺參訪天帝教天極行宮（㊺-㊽都是）。

㊻左起：吳建坤、吳信義、本書作者、楊長基、吳元俊（俊歌）。

㊼上圖：天極行宮的委員們。

㊽左圖：贈禮金，天極行宮代表接受。

㊾主秘林達德教授去年和今年都蒞臨會場致詞。（㊾—(68)照片均俊歌攝影，同是二〇一四會員大會。

㊿右起：沙依仁教授、副理事長何憲武教授、主秘致詞。

(51)右，陳慶餘醫師演講。

52 左起：筆者、陳醫師、副理事長、沙教授。

53 頒發感謝狀給關麗蘇小姐。

54 左是信義師兄、右是郭文夫教授。

㊺左是楊長基學長。

㊻左是創會長宣家驊將軍。

㊼伙伴們。

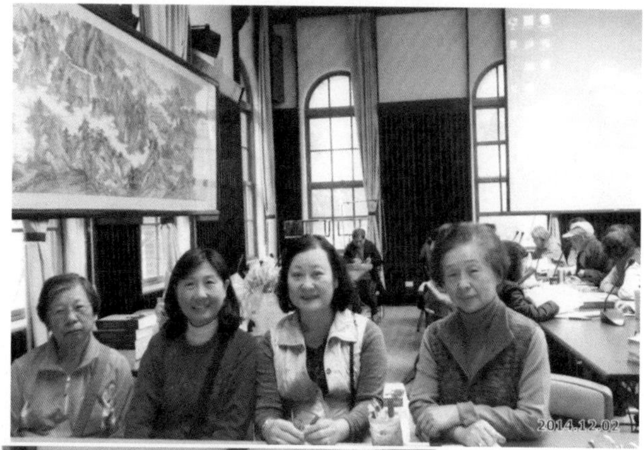

⑸伙伴們。

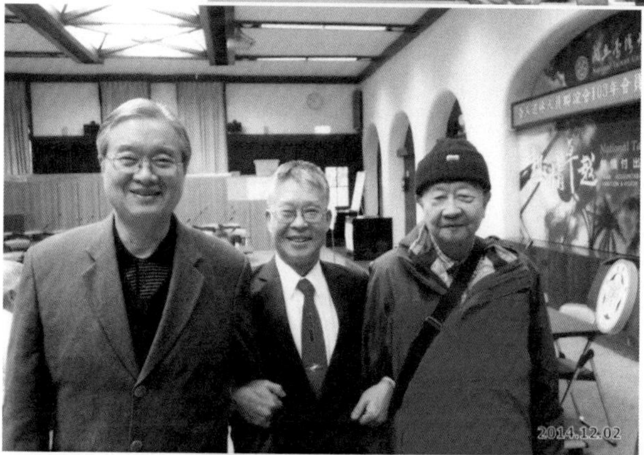

⑼團結在一起。

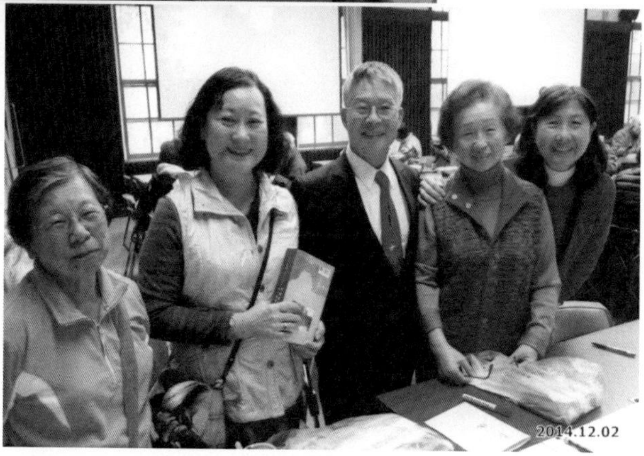

⑽快樂的伙伴們。

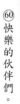

㉛會員大會也是老友相見的機會，左是吳普炎學長。

㉜方教授（左）、信義師兄（右）。

㉝相見歡！

⑭會員大會一景，聽演講、看字幕。

⑮左起：司儀陳美枝、丁教授

⑯左起：鄭大平學長、陳國華教授

㊼她們，回來找尋回憶！

㊽大會一景

㊾二〇一四年三月十日，台北市教育局長林奕華來臺大演講（在校本部第一會議室），講後合影，左起：□□□、陳福成（筆者）、楊華洲、游若筱、林奕華、周漢東、楊長基、陳國華、陶錫珍、許秀錦、陳昌枏、梁乃匡、王文清。

俊歌攝

國立臺灣大學退休人員聯誼會第九屆理監事當選人名單

理事部分

候選人	票數	備註	候選人	票數	備註	候選人	票數	備註
丁一倪	78	當選	劉鵬佛	63	當選	盧文華	7	候補
吳元俊	73	當選	陶錫珍	61	當選	吳信義	3	候補
何憲武	71	當選	王本源	60	當選	張靜二	2	候補
杜雅慧	69	當選	黃存仁	57	當選	許雪娥	1	候補
楊建澤	69	當選	鄭大平	55	當選	蕭富美	1	候補
陳美枝	67	當選	鐘鼎文	54	當選	方祖達	1	已當選監事
陳福成	67	當選	林添丁	49	當選	沙依仁	1	已當選監事
路統信	65	當選	陳志恆	8	候補			

監事部分

候選人	票數	備註	候選人	票數	備註	候選人	票數	備註
方祖達	79	當選	沙依仁	65	當選	蕭富美	1	候補
高閩生	70	當選	梁乃匡	60	當選			
劉秀美	66	當選	陳志恆	3	候補			

恭賀以上當選人

【註】丁一倪教授已連任本會理事長一次，依本會章程不再擔任本會理事長。故本會第九屆理事長由其餘14位理事當選人中選出。

國立台灣大學退休人員聯誼會第九屆組織成員

理 事 長 陳福成

副理事長 何憲武

名譽理事 宣家驊

理事

丁一倪 吳元俊 杜雅慧 楊建澤 陳美枝 路統信 劉鵬佛
陶錫珍 王本源 黃存仁 鄭大平 鐘鼎文 林添丁

監事會主席 沙依仁

監事

方祖達 高閬生 劉秀美 梁乃匡

本會辦公室各組組長

秘書組組長 劉鵬佛　　資訊組組長 黃存仁

會員組組長 陳志恆　　會計組組長 陳明珠

總務組組長 鍾鼎文　　檔案 e 化組組長 杜雅慧

活動組組長 關麗蘇 副組長 高閬生

會員權益與福利組組長 丁一倪

會員關懷組組長 陶錫珍

國立臺灣大學退休人員聯誼會

第九屆移交清冊

壹、定期存款: 捌筆總計新台幣壹佰零肆萬伍仟玖佰叁拾柒元整 (理事長)

以下定期存款本金部分交新任理事長保管，利息部分交會計組組長保管。

(七)(八)兩張到期後，以現金移交。

√(一) 整存整付 (壹年期): 新台幣陸萬壹仟肆佰壹拾肆元整 (101/12 /2 到期)
√(二) 整存整付 (壹年期): 新台幣陸萬柒仟伍佰柒拾貳元整 (101/12/8 到期)
√(三) 整存整付 (壹年期): 新台幣壹拾參萬伍仟元整 (102/01 /13 到期)
√(四) 整存整付 (壹年期): 新台幣壹拾萬元整 (102/01 /13 到期)
√(五) 整存整付 (壹年期): 新台幣壹拾萬元整 (102/01 /15 到期)
√(六) 整存整付 (壹年期): 新台幣玖萬參仟元整 (102/01 /20 到期)
(七) 整存整付 (壹年期): 新台幣參拾壹萬伍仟肆佰伍拾元整(102/2 /2 到期)
(八) 整存整付 (壹年期): 新台幣壹拾柒萬叁仟伍佰零壹元整(102/2 /2 到期)

共 104 萬 5937 元

貳、現金: 新台幣伍萬叁仟貳佰叁拾貳元整 (會計組)(結算至 101 年 11 月)

以上不包括 101 年 12 月至移交日支出。

參、印信: 方木章一個 (理事長), 橡皮章一個 (活動組)

肆、重要動產 (總務組)

(一) 伴唱機	壹套 (故障)	(七) 電腦	壹台	(十三) 木櫃	陸個
(二) 影印機	壹部	(八) 印表機	壹台	(十四) 熱水瓶	壹個
(三) 冷氣機	壹部	(九) 辦公桌	捌張	(十五) 茶杯	伍個
(四) 電冰箱	壹台	(十) 椅子	壹拾貳張	(十六) 投票箱	貳個
(五) 傳真機	壹台	(十一) 記事板	壹個	(十七) 摸彩箱	壹個
(六) 電風扇	壹台	(十二) 公文櫃	壹個	(十八) 信箱	壹個

(十九) 辦公室鎖匙　壹把

(二十) 電話線 (外線 2 線 內線 1 線)

(二十一) 電話機　肆部 (其中壹部屬學校, 3366-9690)

(二十二) 觸控彩色雷射複合機　壹部 (新購)

伍、獎座柒個　文康會績優分會獎 (總務組)

陸、重要文件

(一) 歷年會務通訊 貳套 (秘書組) (二) 歷年會員大會手冊 壹套 (秘書組)

(三) 會員名冊　壹套 (會員組)　(四) 會員通訊資料 賀生日用 (會計組)

柒、經費收支決算表 (100/12～101/11) (會計組)

移交人: 卸任理事長 丁一倪　接交人: 新任理事長 陳福成

丁一倪　陳福成

監交人: 原任監事會主席　沙依仁　沙依仁

中華民國一〇二年一月二十二日

聲明書

國立臺灣大學退休人員聯誼會以本人名義存入華南商業銀行台大分行，並由本人保管之下列整存整付儲蓄存款存單係屬國立臺灣大學退休人員聯誼會所有，特此聲明。

存單號碼	存款金額	到期日
154260204714	67,572	103/1/22
154260204702	61,414	103/1/22
154260204738	100,000	103/1/22
154260204726	135,000	103/1/22
154260204740	100,000	103/1/22
154260204751	93,000	103/1/22

聲明人：陳福成

謹致

國立臺灣大學退休人員聯誼會

中華民國一百零二年一月二十二日

第一篇

二〇一三年（民 102）

摸著石頭過河

2013 年會員大會。

2013 年會員大會。

△元月十五日（星期二）：意外當選第九屆理事長

上午九點開始，退聯會在第二會議室開理監事會，我是理事，如往常來開會、吃便當，本會運作一向正常，我通常較少意見，但這次理監事會要選理事長、副理事長，這些通常早有「內定」人要出線，想來不會有我的事，我退休後亦無心當什麼長！在文藝界，凡有「長」均被我推掉，不爲也！

但一個多月前，我聽到有同仁在「密謀」，要推我出來當理事長，被我以對臺大「不利、不宜、不妥」之理由，嚴正否絕，要求大家「別鬧笑話了」！這次會前我起來發言，重申無意當理事長，本會理事長以教授退休者爲佳，教官退休不宜亦對本會不利。

午前第一次投票，何主秘（何憲武教授、曾任臺大醫院副院長、校長主任秘書）當選，他以身體不好要求重選。大會同意（第八屆理事長丁一倪教授主持），但要求何主秘當副理事長，何同意。

第二次投票、開票⋯主席丁教授宣佈：國立台灣大學退休人員聯誼會第九屆理事長，陳福成⋯現場有掌聲響起，我尚未反應過來！

本來我也想亮出心臟科醫師開的一瓶「救星」，因不忍叫大會第三次投票，只好接任並視爲因緣、天命！

△元月廿二日（星期二）：理事長交接

上午十點，在退聯會辦公室交接，一些公文、資料、檔案，還有百萬基金要轉到我帳戶，又忙了幾天（移交及其他資料詳見書前照片後）。理事長第一項重要工作是「組閣」，大多還是前任各組長，活動組長關麗蘇、會計組長陳明珠、秘書長劉鵬佛、總務組長鍾鼎文、E化組長杜雅慧。

事情都有人做我就放心，大家都是志工，退休人員都是聯誼性活動，不要給大家增加壓力是我的原則，我並不積極於開疆拓土，大家玩得快樂最重要，我向大家表示這種看法。

我在野戰部隊幹了很久的主官（主要是連長、營長），移交都很慎重，逐一建立移交清冊。沒想到臺大退聯會的交接也慎重，看來臺大是玩真的，臺大這塊牌是有份量的。

△二月十九日（農曆初十、星期二）：春節團拜

春節休了十多天假，退休人員其實天天是春節，天天可以放假。只有擔任組長的要在每週二上午到校「上班」，說是上班只是長久的慣例，比較忙的組（活動組、會員組），有時每週要上班好幾個半天。理事長要怎樣上班？我尚在摸索！

今天是春節後第一個退聯會上班日，各組長和未擔任組長的理事都到辦公室熱鬧，大家聊到十一點多才「下班」，也算春節團拜。

△三月廿六日（星期二）主持第一次理監事會

在校總區第四會議室主持理監事會議，這是我擔任理事長的第一次重要會議，到有理監事、各組長、副組長二十多人。我和大家的報告都在《會訊》六十期公告，我的要點大致如下：

（一）所有工作的推動、業務處理和分工，都照《組織章則》走，章則是我們的憲法，只有遵守憲法的遊戲規則，才能減少爭議，確保本會正常運作。

（二）我們所做都是志工，我認爲「志工無價」，志工也是世上珍貴的情操，爲人服務而不收分文，我們樂在其中，並以此相互勉勵。

（三）新成立關懷組，由陶錫珍教授擔任組長，宗旨是關懷較年長和不方便出門的老會員，或協助他們處理要事，陶教授有此用心，希望在他帶動下，真的能拓展關懷的範圍。

（四）本會屬「聯誼」性組織，凡合於聯誼性質，能增進健康、交誼，只要人手和經費許可，我都支持。如慶生會、舞會、卡拉 OK 歡唱、合唱團、旅遊、太極拳、棋藝等，但須要有人出來負責招集，歡迎有興趣辦活動的會員主動站出來。

△退聯會和聯合服務中心

自從民國八十八年退休（伍）後，不久經由吳元俊師兄的提示，每週二上午在聯合服務中心（行政大樓入口處）當志工，十多年來也很習慣。感覺上，臺大是一個可以「安身立命」的地方，在此工作生活，退休在此當志工，悠遊校園，結交一些「極有水準」的朋友。

自從今年在元月一日，意外接任退聯會理事長，退聯會固定每週二上班，各組長碰面共商業務。爲配合退聯會的工作時間，把聯合服務中心志工調整到星期四。

退聯會看似無啥事，但其實雜事也不少，加上志工有時額外的班，跑臺大快成了經常的功課。

△五月一日（星期三）上任第一期《會務通訊》

退聯會的《會務通訊》每季一刊，通常在理監事會後，這期第六十期，是我接任理事長的第一期，上期五十九期是去年（101）十二月三日出刊，兩期隔五個月，拉太長了，未來要設法改善。本（60）期因是我的第一個期，除刊出我的理念外，也把第九屆理監事、各組長名單公佈：

理事長：陳福成

副理事長：何憲武

理事：丁一倪、吳元俊、杜雅慧、楊建澤、陳美枝、路統信、劉鵬佛、陶錫珍、王本源、黃存仁、鄭大平、鍾鼎文、林添丁

監事主席：沙依仁

監事：方祖達、高閩生、劉秀美、梁乃匡

本會另有名譽理事長宣家驊（本會創會長。第一、二屆理事長、前少將總教官），這是本會組織章程第六條的設置。六十期會訊另也公佈辦公室各組長和工作分配，未來按此運作：

秘書組長　劉鵬佛　資訊組長　黃存仁

會員組長　陳志恒　會計組長　陳明珠

總務組長　鍾鼎文　檔案e化組長　杜雅慧
活動組長　關麗蘇　活動副組長　高閩生
福利組長　丁一倪　關懷組長　陶錫珍

以上編組已儼然是行政院的八部二會，陣容壯大，只是大家都是志工。本來關麗蘇和陳明珠不幹了，我再慰留她二人才再做一屆，志工能投入的時間不多，我告訴大家：你玩的快樂最重要！

△五月七日（星期二）：在「巨蛋」慶生會

按往例在「臺大巨蛋」一樓文康室辦慶生會，我在好久以前就聽承辦的關姊、明珠姊，說效果不佳，爲何不佳？我並未深入去了解，未來再看如何改善！

這幾次慶生會都是我帶吉他來同樂，在開場前二十分鐘彈老歌，先熱場再大家唱歌，這次有了特別節目，師兄吳信義帶著他的「信義國標舞團」十人，果然讓慶生會有朝氣，未來可參考辦理。

另外，我覺得「誘因」太少也是原因，來的人拿兩個「壽桃」，好像並不吸引人，到底如何把人「弄來」！這可能要再和各組長研究，進一步了解，才能找到比較好的舉辦方式。

△六月十一日（星期二）主持第二次理監事會

副理事長何憲武教授，每回碰到他，我都要和他擁抱一下，他心臟裡有鋼條，而我身上帶「救星」，擁抱以示感恩和祝福，感恩我們還能見到面，祝福下次開會也能見到面，今天上午他來開會，我們就先擁抱。

何教授很客氣，開會請他報告或發表高見時，他說「當副座沒有聲音」，爲人謙虛。以前在位時，也曾經轟轟烈烈，現在我們都是志工了。

這次理監事會除各組報告，我經這段時間的觀察，發現本會除幾項固定活動外，其他都難以開展。爲此，我在會中提出〈我的一些想法：退聯會再拓展構思〉短文：

本會目前例行會務中，每年多次正式旅遊（一天或二天）、慶生會、會務通訊、會員聯繫、財務、秘書行政、福利、關懷、總務等。已有本會各組志工承辦，才使各項工作能順利推動。我謹代表本會向各組長表達最高謝意。

但半年來，我觀察本會其他會員（各組長或從未到辦公室而打電話來的，我發現會員還有其他需求。例如：希望辦理一些健行、郊遊、歌唱、棋藝、橋牌，乃至年長會員關懷、就醫陪伴等；再或臨時組成參訪團、國外旅遊等。

以上各種現行會務以外的需求，以目前退聯會的組織及性質，尚難以滿足各方所需，這個問題因志工投入時間有限，但也不表示我們做不到。我以「銀髮族協會」為例說明（屬性、定位、規模均不同，不能比較，但他們的方法、精神可以學習。）

「台灣銀髮族協會」，除理監事外，也有幹事、秘書、智庫編制。另外成立有各種委員會，如社會服務、志工聯誼、會員發展、國際交流、公共關係、媒體文宣等。每個委員會都有一組人馬，以上都有正式編組，共同推動會務。

但比較非正式而很有彈性的，他們另也成立很多「俱樂部」，有旅遊、健行、自行車、攝影、園藝、合唱、舞蹈、棋藝、愛樂⋯。這些俱樂部都各有召集人，「物以類聚」本是一切生物的本能，該協會因而可以吸引許多人參與各種俱樂部，他們隸屬於協會下的團體，但完全不需要勞動協會幹部去再承擔額外的工作，俱樂部能運作下去，除了參加者，主要是有人負責召集聯繫，只要有人，隨時可以成立，不須再辦理任何行政程序。

「臺大退聯會」的屬性是「聯誼」，銀髮協會功能較廣泛，但聯誼這部份雷同，他們的方法我們可以學。針對本會會員其他需求（如郊遊、健行、參觀博物館、自行車、卡拉OK、合唱團、跳舞及各種舞、棋藝、橋牌、會員、關懷等），都可以成立俱樂部，只要有人負責召集。

本文只是我個人一些想法，寫出來和大家交流，看是否有可行性。歡迎有想法、有熱誠的人，可以每週二上午到退聯會辦公室共商大計。

這個短文除理監事會報告，也放在《會務通訊》第六十一期（八月十五日出刊），擴大交流面，測試可能的反應意見，除非有人主動，我並不強力去推。

△六月二十日（星期四）新舊任校長交接

下午三點，臺大第十二任校長李嗣涔教授（二〇〇五年六月到二〇一三年六月），在第一會議室交接典禮，我因到三總看病，未去觀禮。

臺大在此之前的十一任校長分別是：羅宗洛、陸志鴻、莊長恭、傅斯年、沈剛伯（代）、錢思亮、閻振興、虞兆中、孫震、郭光雄（代）、陳維昭。我來臺大那五年正是陳維昭校長，我的前兩本書《決戰閏八月》和《防衛大台灣》出版，都請陳校長寫序。我也因這兩本書而「鹹魚翻身」，重新找回前半輩子失落的信心。

△七、八月放暑假，籌備未婚聯誼、佛光山夏令營

兩個月暑假，也仍有一些事，由本會主辦，教聯會和職工會協辦，本會承辦是許秀錦小姐。本校文康會下的三個社團幹部大致分工：

總召集人：游若萩、陳福成、楊華洲。

顧問：官俊榮、陶錫珍、曾萬年、王佩華、陳梅燕。

活動組：蘇瑞陽（現場主持）。

採購組：許秀錦、楊華洲。

招待組：陳梅香、吳定遠。

總務組：吳定遠、邱淑美。

報名組：許秀錦、吳定遠、陳家齊。

這個「未婚派對」共有三場，第一場在第一會議室聽講演，主題當然是婚姻和兩性問題，主要是讓參加者了解婚姻的意義，兩性相處的藝術等。第二場在臺大巨蛋文康室

面對面交誼，每個人找到「喜歡」的對象。第三場到文山農場郊遊烤肉（均後述）。

每年八月是佛光山的「佛學夏令營」，我和信義、元俊師兄、關姊會參加。今年多一位「大師兄」，他是我當年在高雄大樹當營長的四三砲指部指揮官，涂安都將軍，他說現在大家是佛門中人，叫師兄就好了。今年夏令營時間排在八月十三到十六日。

△九月十日（星期二）主持第三次理監事會

今天上午是第九屆第三次理監事會，也是我接任理事長所主持的第三次，除了把近幾個月準備工作簡單報告，各組組長報告。本會會員組組長陳志恒講「戲緣：京劇與我」，在我眼中，她是個傳奇，臺大中文系高材生，和國劇有深厚的緣份。（該文見《會訊》六十二期）她個性極好，工作也積極，是退聯會的福氣。

這次理監事會，我主要針對出版會訊和修改章程二事，提出一篇說明，會訊六十二期同時公佈，讓所有會員先知道，年底大會正式表決，全文：

會訊第六十一期「擴大本會業務看法」一文，再說明。

目前已經跨出第一步，第一次「老會員遠足」順利完成，未來其他活動均如這般就可以開動，不論歌唱、橋藝、旅行——只要有召集人，「俱樂部」就可以形成，這和「銀髮協會」的運作類似。

「帶老會員遠足」，只是由關懷組陶教授帶少出門的老會員出來走走，看看博物館等等，期待此項業務真的能做出成果。

關於本會的新業務，配合教聯會、職聯會辦理「兩性成長未婚聯誼」業務，本會承辦人是許秀錦小姐。從八至十一月有系列活動，相關訊息請看教聯會、職聯會網站，我們會訊也有報導。

《會務通訊》第一至六十一期已由本人整理完成，感謝歷任理事長給我的資料。計劃請黃存仁理事進行全部掃描，並由出版社正式出版，如此才有國家圖書館的預行編目。（自己掃描省了很多錢，因此我要代表本會全體同仁向存仁兄致最高敬意，謝謝他爲本會省經費。）完整出版成書，才能保留辦公室歷年所有的組長，你們所完成的所有工作，完整的呈現。以及我們所有會員同仁，自本會成立以來所有參加活動者的記錄，這些是我們退休人員的「夕陽美景」，也應完整呈現，忠實記錄。

爲此，也希望各位組長每回在理監事會議能給秘書長書面資料，由他整合成開會資料。最後成爲當期會訊的一部份，請大家一起來寫歷史，寫自己和退聯會的歷史。

按本會組織章則第八條，理事會下設秘書、會員、活動、服務、總務、會計等六組，各組置組長一人。目前各組爲：秘書組劉鵬佛、會員組陳志恒、活動組關麗蘇、總務組鍾鼎文、會計組陳明珠，都運作良好，使本會會務順利推動完成。另有E化檔案組杜雅慧、資訊組黃存仁、福利組丁一倪教授、關懷組陶錫珍教授，及文康組許秀錦的兩性成長業務，均尚合組織章則，是否修訂組織章則，大家可先研究研究。

最近同仁在辦公室討論本會未來舉辦市內一日遊，導遊（本會志工）是否給付象徵性「車馬費」。我個人的看法是，所有本會志工所做都是「義工」性質（此處不論義工和志工的差異），無論做甚麼！只要是本會範圍內服務，向來未發任何「補助」，所以我不贊同發「車馬費」（任何名目），以符合我們當志工、義工的精神。但理監事會議若有不同決議，我尊重決議，並按決議執行之。

關懷組需要更多的志工，此事持續在《會訊》宣傳，請秘書組整理會訊資料時，記得此事。

△九月十一、十二日，退聯會武陵農場兩日遊

由活動組長關麗蘇所承辦，武陵農場兩日遊，整整一大遊覽車四十二人。包括梁乃匡教授夫婦、郭文夫教授夫婦、鍾鼎文組長夫婦、我和內人，辦公室同仁等均參加。

正好天氣極佳，山風美景盡收眼底，風味美食全下肚，泰武館、農場、富野渡假村、七家灣溪的國寶。關姊多年來爲退聯會辦了無數旅遊，感謝她！

△九月十七日（星期二）慶生會

今天是例行慶生會，本會每年辦三次，但照理能兩月或一月一次最佳，只是長久形成慣例是三次，要多辦就要增加志工投入時間。依據各組長的看法，幾年來慶生會效果不佳，不知如何改進？

△九月廿七日（星期五）教聯會晚宴

臺大教授聯誼會會長、食科所所長游若篍教授，召集聯誼晚宴，地點就在校內的鹿鳴堂中餐部，我也應邀出席，到有臺大朋友三十多人，席開三桌。

△十月四日、十九日前兩次未婚聯誼活動

籌備多時，由本會主辦，教聯和職工兩會協辦的未婚聯誼活動，共有三次，十月兩次，十一月一次。第一次是十月四日，由臺大社會系孫中興教授主講「健全的兩性關係」，共一百多人參加。

第二次在十月十九日，參加者要經過篩選，地點在文康室對面的交誼。有女生十九人，男生十二人，奇怪，此類活動都是女生多，是不是男生害羞，名單如下頁：

整個過程從上午九點開始報到、暖場、相見歡、交流、百匯餐點饗宴、愛情宣言，下午三點結束。全程由蘇老師、陳梅香和華洲兄配合的天衣無縫，事後證明很成功，因爲有多人傳回動人的感言。

但此類活動到底有多少人「修成正果」？學校其他社團往昔也辦過，據聞「成效不佳」。或許，這是大時代的問題，乃至是「共業」，我們只是辦個活動，有「活動」積效，如此而已。

退聯會以前未曾辦過此類活動，初次大家感覺新鮮，又和其他社團合辦，很熱鬧。所以，也等於是大家同樂，快樂就好！

臺大教職員工20131019年未婚聯誼活動參加人員名冊

NO	姓名	年次	姓別	職業		聯絡電話	email	興趣
1	胡淑君	61	女	教務處	組長			聽音樂、 看電影
2	曾尹君	62	女	瑞芳高工	老師			游泳、看電影、看展覽
3	盧怡如	65	女	歷史系	助理			爬山、閱讀、電影、作點心
4	錢占梅	65	女	台大機械系	專任研究助理			音樂、閱讀、藝文運動、戶外踏青、爬山、露營、旅行
5	陳姿妤	65	女	光電所	約聘幹事			爬山.閱讀.攝影
6	林家菁	65	女	台北市立木柵高工	英文專任老師			閱讀、聽音樂、散步、電影、文藝作品、音樂等欣賞，及烹飪
7	曾維英	65	女	海大	助理			文學 美食 旅行
8	陳婉玲	67	女	研發處	幹事			爬山、旅行，還喜歡打桌(羽)球
9	盧愷莉	67	女	馬偕紀念醫院	物理治療師			閱讀、音樂、電腦、創作、旅遊、桌球
10	林郁崎	68	女	經濟學系	校友			
11	林庭如	69	女	板橋法院	法官助理			唱歌,旅遊,閱讀,電影,以及藝術
12	林怡君	69	女	雙和醫院	護理師			
13	陳品光	69	女	食品工業研究所	副管理師			閱讀唱歌等都喜歡。最近迷上健走
14	陳亮孜	70	女	中央研究院 文哲所	專任行政助理			動漫畫、隨性的旅行
15	辜鈺玲	70	女	神通	職員			
16	郭行萍	74	女	剛從美國回來待業				喜歡閱讀、自助旅行、看日劇和玩桌遊
17	林葦婷	74	女	穩立企業	業務秘書			旅遊、手作皮件
18	蕭瑞廷	75	女	臺大醫院	研究助理			閱讀及看展
19	謝可莉	76	女	中央大學	研究生			畫畫，撰寫短篇文章

NO	姓名	年次	姓別	職業		聯絡電話	email	興趣
1	莊義芳	43	男	逢甲大學	教授			美食、烹飪
2	李心亮	60	男	會計事務所	會計師			網球、運動
3	李聖林	60	男	物理系	博士後研究人員			聽音樂 看電影 馬拉松 投資理財
4	潘國隆	60	男	機械系	教授			科技、運動、沉思、音樂
5	洪健恆	65	男	生態演化所	研究專員			攝影與音樂
6	吳定遠	67	男	台灣大學	幹事			
7	施友元	69	男	台灣大學博士	學生			閱讀、旅遊
8	陳運宣	71	男	總務處	佐理員			
9	鄭任宏	74	男	台灣大學	教學助理			
10	陳律通	74	男	學生事務處	幹事			看書、上網、運動跑步
11	薛永得	76	男	愛樹科技	技術員			音樂、跑步、大鼓、唱歌
12	黃憲松	65	男	醫學院腦智所	助理教授			

△十月十二日《會務通訊》第六十二期

這期會訊有理監事會我的一些報告、各組報告，陳志恒的〈戲緣：京劇與我〉，劉鵬佛整理一份歷屆諾貝爾獎的十二位中國人，有楊振寧、李政道、丁肇中、李遠哲、達賴喇嘛、朱隸文、崔琦、高行健、錢永健、高錕、劉曉波、莫言，讓大家多些常識，爲活化慶生會活動，本期我刊了一則廣告：

> 誠徵一個表演者（任何種類的表演，說、唱、打、吹、彈、講笑話等均可），表演時間約十至十五分鐘。於本會慶生會時做開場表演，唯一的條件要使在場所有人笑翻天，笑到從椅子上跌坐地上，能之者，本會備好禮答謝。意者於每週二上午，到退聯會辦公室向理事長陳福成報名，留下姓名、聯繫電話等。

《會訊》第六十二期有一篇好文章，就是陳志恒的〈戲緣〉，國劇我外行，不懂得欣賞不說。倒是志恒和她先生那段緣，佩服她看男人很「準」，賞讀該文中間段：

> 我加入國劇社就認識了幫我們吊嗓的吳明生（吳陸瑜）老師，他比我大六歲。他不

笑的時候看起來還滿兇的，所以剛開始時我不大敢和他說話。過了半年我們漸漸熟了，有時他會問我如何才能把高中的國文唸好，尤其是一些文言文虛字的問題。我很好奇他為何會有興趣來研究這種枯燥的東西，原來是因為他從小唸陸光戲校，只有高中畢業的學歷，雖然他已經擔任陸光國劇隊的首席京胡琴師多年，在舞台上已經是個大紅人了，但他還是想考大學。一向雞婆愛幫助別人的我，看他如此上進，就想幫助他，但這文言文又不是三言兩語就可以說得清楚的，所以就和他約定，每週一次義務幫他補習國文。每次我們就坐在僑光堂的走廊椅子上補習。時間一久，我們變得無話不談。經過三年交往，我覺得他是個既孝順又顧家的好男人，而且非常謙虛上進，有毅力恒心地每天努力練琴。我的直覺是他終將成為一個了不起的人物，而我也相信自己會是一個可以好好照顧他，讓他沒有後顧之憂的好幫手，於是我在畢業的當年年底就嫁給了他。結婚十六個月後，已當媽媽的我回校演出《金玉奴》。婚後三年臺大四十週年校慶時，我又回校演出全本《鳳還巢》之程雪娥。

通常一個女人找到一個心愛的男人，想著要和他幸福一生，這是正常的期待，眾皆如是。但婚姻生活以外，還對這個男人有更高的「使命感」，極少見，陳志恒是我見過第一個有這種使命感的女子。再者，志恒也有「孔明的智慧」，對「預知未來」也很準。婚前她竟能靠著「直覺」，看出這個男人「終將成爲一個了不起的人物」，神奇啊！她現在最重要的任務，是好好照顧先生，讓他好好傳揚「梅派京胡」琴藝，佩服志恒，也祝福她倆口子！

身爲志恒先生的吳明生（吳陸瑜）老師，他應該是幸福又風光的男人，有一個欣賞自己才華的妻子，人生可圓滿了。

△十月十七日（星期四）校慶籌備會

今年是本校八十五週年校慶，全校有很多活動。教職員工文康委員會系統下的三十多個分會，也有各式活動。主委江簡富教授今天中午在文康室，主持各分會負責人座談暨校慶籌備會，主要議程有會務工作報告、校慶活動籌備、各分會節目安排、經費執行狀況、各分會數量等。

會中決議十一月廿八日晚上，在文康室舉行成果發表及績優分會頒獎典禮，這也是行之有年的慣例，本會已多次拿績優分會獎，今年也是。

△十一月十二日（星期二）：會員大會籌備會

上午主持第四次理監事會暨年度會員大會籌備會，理監事會按往例工作報告，這次主要是決議今年會員大會要在十二月三日召開，及會員大會的會員贈品、議程等。

往年會員大會均在十二月底，今年因學校通知若不在十二月第一週辦完，不得申請經費補助。我們退聯會經費有限，承辦各項活動，一定要獲得補助才行，不能和錢過不去。

△十一月廿四日（星期六）第三次未婚聯誼

前兩次已在上個月四和十九兩天辦完，這次是原來名單的進一步，改在文山農場（新店→新烏路，公車 849 路「伸丈板」站下車）。聯誼、烤肉、唱歌，整個過程有蘇老師和梅香主持，我只是跟著玩。

我上午八點多帶著吉他到文山農場，一片青山綠水，我喜歡彈唱給山水聽，感覺很好，九點左右，參加的人開始進場，我的迎賓歌是「午夜香吻」，從上午到下午彈了很多，中英文歌都有，都是老歌。

終曲是「夕陽西沈」，我叫大家手牽手、閉眼、靜聽我彈唱，回憶年青談戀愛的情境。事後大家都說，感覺真好，其實我的吉他只有高中程度，始終沒有精進。

△十一月廿八日（星期四）：文康會晚會

每年年底，是臺大教職員工文康委員會各分會的成果「驗收」，分績優分會頒獎（有獎杯和一萬元獎金）、成果發表兩部份。各分會種類很多，大致分三類：

運動健身類：太極、有氧、羽球、肚皮舞、香功、元極、高球、排舞、釣魚、登山、瑜珈、網球、國標、壁球、籃球、體適能等各社團。

藝文休閒類：卡拉OK、合唱、花藝、金石、橋藝等社團。

聯誼類：退聯會、教聯會、職工會、福智等社團。

今晚參加成果發表有肚皮舞、元極舞、國標、合唱、排舞、退聯會等分會。文康會主委江簡富教授致詞後，全程與大家同樂。本會由我吉他彈伴，十多人唱「望春風」和「再會吧原野」兩首歌，本會也是今年的績優分會之一。

△十二月三日（星期二）：會員大會

第一次任內的會員大會，我也不太清楚要準備什麼！幸好各組長都是元老，準備工作大家都清楚。我只在事前打個電話給美枝姊（陳美枝、教官退），每年都請她當司儀，說「明天好好打扮，裙子穿短一點。」臺大這群女性朋友，我只會和美枝姊開玩笑，她大我十多歲，人很和氣也很可愛，聲音清亮，她是退聯會大會永遠的司儀。

我事先已寫邀請卡，恭請各級長官蒞臨指導，包括校長、三位副校長、主秘，最後校長指派主秘林達德教授代表致詞。

歷屆理事長除沙依仁教授生病不便，其他也全到場參加，包括宣家驊理事長（一、二屆）、方祖達理事長（三屆）、楊建澤理事長（四屆）、丁一倪理事長（七、八屆）。因我一人坐主席台，顯得「空虛」，我乃請各前理事長上來一起坐主席台，幫我「壯膽」，大家快樂笑著到主席台陪我！

會員大會主要是會務報告，每組自有他們報告內容，我的重點是組織章程第八條的修訂說明，從原來的六個組改成十個組，大會表決結果，以「近百分百」的票數通過。

△十二月廿四日（星期二）第一次「千歲宴」會議

第一次千歲宴會議，教聯會會長游若篍教授、職工會秘書長楊華洲、我，及三會幹部，共十多人，在食科所會議室午餐吃便當，討論初步構想。有以下原則性的決議：

㈠三會八十歲以上會員是參加標準。

㈡校內文康室是合宜的場地。

㈢午餐外燴，老人食物爲主。

㈣時間在明年（二〇一四）五月下旬。

㈤邀請本校社團表演、現場醫務服務。

㈥經費來源，向文康會申請。

第 二 篇

二〇一四年（民 103）

實驗、實踐

主持 2014 年會員大會。

2014 年會員大會美麗的一景

△臺大退聯會合唱團成立

退聯會老早有意要成立合唱團，包含其他種種社團（橋牌、卡拉ok、健行、攝影、舞蹈、園藝…都有人提過）；說的人多，能主動出來召集的，沒有！我認爲，這些事若只有理事長一頭熱，其他沒有願意負責連繫召集的，這種事是推不下去的！故，我亦不動！

但合唱團或許水到渠成了，因爲來了兩個熱心的會員，一是邱淑美（本校計算機及資訊網路中心程式設計師退休），一是陳志恒（前已介紹），她二人都還算辦公室最年輕的，仍散發著青春的活力。淑美也是本校卡拉OK大賽第一名得主，請她任合唱團老師，志恒是會員組長擔任幹事，我任團長（未來理事長也是當然的團長），方祖達教授當指揮。

目前團員有陳昌枏、關麗蘇、杜雅慧、何憲武、吳元俊、陶錫珍、劉鵬佛、周羅通、陳明珠、許秀錦、陳美枝、鍾鼎文、吳信義、楊長基、許雪娥，四月時再增加馬鳳芝，共二十人。後來的練習，每次約有十人到。

合唱團練習時間，去（102）年十二月廿四日開會決議，每月第一、三週之星期四，上午十點到十一點半，地點就在退聯會辦公室。元月兩次是二和十六兩天，練習次數明顯太少，成效有待觀察，大家玩得快樂就好。

△元月廿二日（星期三）：臺大教官聯誼

晚上六時，臺大教官聯誼餐會，地點在天廚（南京西路一號），到有總教官李長嘯將軍，主任教官、教官有我、吳信義、孫彭聲、王潤身、吳元俊、陳梅燕、曹振隆、吳普炎、陳國慶、楊長基。

△二月十一日（星期二）：團拜

今天是休完春節假後，辦公室同仁第一個上班日，買些零食、飲料，就在辦公室「團拜」，大家閒聊到十一點多才慢慢散場。

△二月十八日（星期二）

今天例行上班，中午是「千歲宴」第二次籌備會。可另參第三篇〈不小心搞大了：千歲宴舉辦實記〉一文。

△三月十日（星期一）．林奕華來演講

從去年開始籌備多時，時間改了兩三次，邀請台北市教育局長林奕華來演講。她和臺大淵源頗深，她是臺大政治系，也是學生會會長，從她第一次踏上政治路（選北市議員），臺大很多人就組成競選團幫忙，包含我和不少教官都支持她。

這個活動是由臺大退聯會、教聯會、職工會和逸仙學會四會承辦，教聯會是主辦，我們的工作編組如下表，這組人馬目前已是陣容堅強，我說可以「渡江北伐」或「上山打虎」的。「儼然是一個戰鬥團隊，相信要搞造反或革命也可以的。」我這麼說時，大家都笑翻了，快樂的伙伴！

林奕華和本校教聯會、逸仙學會也有很好的關係，從多年前我參加這兩會活動，多次碰到林奕華。所以，她今天中午在第一會議室演講，人參加的很多，把一個會議室坐得滿滿。

講演活動—教育新紀元→我的未來不是夢

臺大教授聯誼會　主辦

臺大職工聯誼會　臺大退休聯誼會　臺大逸仙學會　協辦

工作分配表　103.3.10

職務	姓名/聯絡電話（略）	工作內容
總召集	游若篍理事長	會場主持
副總召	陳福成理事長	
籌畫組	楊華洲秘書 陶錫珍老師 官俊榮老師	演講活動
報名組	吳定遠	負責報名事宜
簽到組	許秀錦 陳梅香 葉文輝 陳縈綺	負責簽到事宜
總務組	王佩華老師 葉文輝 許秀錦 吳定遠	會場佈置 負責訂定餐盒 負責照相事宜
成果彙整	吳定遠	
帳務核銷	陳梅燕	

△三月十八日（星期二）：主持理監事會、參加校長茶會

今天上午是我任內第五次理監事會、今年第一次，除例行會務報告，會中請會員吳信義演講，主題「潛意識的力量：心想事成」，吳學長有很多笑話，他演講絕無冷場。（演講重要內容刊於《會訊》第六十三期，四月十五日出刊）

陳志恒在會中報告新入會員，僅這幾個月多達二十人：吳冰如、王淑美、林瑞菊、王秀祝、林維紅、周麗真、劉玉女、徐久忠、蘇瑞陽、黃量傑、連雙喜、何國傑、盧國賢、蘇銘嘉、陳淑華、胡海國、劉健強、蕭本源、杜震華、陳阿德。代表本會感謝她！贊美她！

今天下午則是新任校長楊泮池主持退休人員茶會，有教、職、工三類退休人員，這個茶會本來和我無關。往昔，退休人員名單人事單位會給退聯會，本會會員組長依名單資料去拉會員，自從《個資法》公佈，這些來源全斷線了，我只好主動帶志恒去參加校長主持的退休茶會，直接到現場「拉客」！

每次在校長講完話，司儀報「退休人員理事長陳先生致詞」，我上台就說：「我是來招兵買馬的，招什麼兵、買什麼馬？我得說清楚講明白⋯⋯」志恒帶著入會申請表，現場填、現場收銀子，效果不錯！

△三月廿一日（星期五）：參加文康委員會103年度預算討論會

中午，參加文康會的一〇三年度預算討論會，到有臺大教職員工各分會負責人或代表，主要是預算情形和經費使用情形，了解分會的經費分配額度。

自從接任理事長一年多來，我始終思考如何把各項活動辦好！要擴大、要熱鬧，才能吸引更多會員參加。錢是成敗因素之一，幸好學校的經費可以支援，也要感謝學校各級長官。

△三月底：全統會北京、天津行

月底，隨中國全民民主統一會到北京、天津訪問，信義和俊歌師兄也同行，全團二十多人。此行乃應大陸國台辦、海協會和黃埔軍校同學會之邀請參訪，回來後出版《中國全民民主統一會北京天津行》一書，詳述訪問經過全記錄。

△四月十五日（星期二）出刊第63期《會訊》

第六十二期會訊是去（102）年十月十二日出刊，六十三期至今才出刊，不知爲何拉太長了！本期是今年首期刊，有必要對過去的一年做些檢討，且會員大會才開過。

回顧這一個年的檢討並展望新年

往昔又如雲的腳步走過，相信本會所有會員都有不同的收穫和人生體驗，也有感到不夠圓滿的地方。大家共同相互鼓勵，在新的一年，不論本會會務或個人，都要有新的進展，交出讓自己滿意的成績。

本會一〇二年會員大會已於十二月三日上午，在校本部第一會議室順利舉行完成。感謝所有參加會員、工作人員及歷屆理事長親自參與，給本會鼓舞，給我打氣。感謝主任秘書林達德教授，代表校長親臨致詞。

本次會員大會，參加者（簽到表爲準、含代表簽，稱謂均略）有：周謙介、范信之、宣家驊、許銘成、吳普炎、陳美枝、鍾鼎文、鄭義峰、鄭大平、林鈺鈞、蕭添壽、翁仙啓、許碧霞、王鴻龍、許玉釧、蕭富美、沙依仁（代）、車化祥（代）、王忠、王本源、洪林寶祝、連興潮、潘明風、黃啓原、方祖達、阮志豐（代）、路統信、郭寶章、董元吉、況精華、劉天賜、郭王果錢、紀張素瑩、鄭展堂、林添丁、許再傳、黃秉安、許東明、嚴永玖、吳信義、楊建澤、呂芳蘭、吳鴻榜、林安狄、王明聰、林清碧、許文富、紀昭雄、林振乾、洪立、戴如松、李瑞妹、黃添枝、陳春花、孫琛、高秀、劉秀美、古天聲、翁文、許初枝、黃柯碧蓮、高來有、沈品瑤、陳茂盈、曾美倉、胡霑金、吳元俊、徐蘭香、何鎧光、周羅通、葉雪娥、林秀玉、周瑞英、謝玉美、陳富美、陳新翼、張克振、陳梅燕（代）、李文斗、陳碧玲、吳連菊、陳明珠、戴芬芝、何憲武、鍾和玲、許雪娥、李鴛鴦、盧文華、姜苑枝、安佐清、茅增榮、陳斐娜、陳素紅、王來伴、廖錦秀、翁月妹、臧麗君、曹振隆、李尚英、茹道泰、莊淑容、鄭丹楓、趙姬玉、丁一倪、張靜二、林碧蘭、林映月、林瑞鶴、羅吉雲、杜雅慧、王潤身、陳秀美、秦亞平、陶錫珍、劉珠嬋、黃淑琴、陳國華、魏素芬、林進歲、陳明芬、孫琇蓮、吳賴雲、高閩生、陳志恒、顏從照、呂理平、邵依弟、駱秋英、廖麗玲、陳昌枏、許秀錦、邱淑美、吳冰如、周麗真、王淑美、劉玉女、理事長陳福成。

以上參加會員大會共一三七人，以本會名冊所列有會員六八三人（到二〇一三年十二月三日爲止），能到會的會員仍是少數，亦表示本會所有工作人員尚有很大的努力空間。希望未來一年能在大家共同努力下，讓更多會員出來聯誼。

本會章則第八條，順利在會員大會提案修訂，經全體參加會員表決全體同意通過，感謝全體會員支持。在新的年度（二〇一五年），本會辦公室以全新的陣容推動會務，分別是：秘書組長劉鵬佛、會員組長陳志恒、活動組長關麗蘇、總務組長鍾鼎文、會計組長陳明珠、資訊組長黃存仁、檔案e化組長杜雅慧、福利組長丁一倪、關懷組長陶錫珍、文康組長許秀錦。

△四月廿二日（星期二）：千歲宴第三次會議

中午在食科所開第三次「千歲宴」會議，教聯會理事長游若篍教授、我、葉文輝、蘇瑞陽、王佩華、官俊榮、曾萬年、許秀錦、楊華洲、陳梅燕、陳梅香、吳定遠、陳志恒、陳明珠、陳昌枏、杜雅慧、吳元俊、劉鵬佛、關麗蘇，十九人到會。

這些伙伴們，自從去年以來合辦過幾回「未婚聯誼」，大家默契十足。尤其當「會叫的野獸」，能放下身段，與大家同樂，是不容易的。

△四月廿三日（星期三）：職工會員大會致詞

今晚五點半，職工會會員大會，我也是會員又是退聯會理事長，職工會秘書長楊華洲兄邀我代表致詞，我又利用機會向在職人員「招兵買馬」，請他們退休後參加退聯會。

今晚的職工會大會選理事長，楊華洲當選，他為人謙和低調，做事有方積極，聽說有人惡意中傷他，我也為他抱不平。中傷人者只是臺大一個組長，據聞是一個很霸道又不得人緣的人，只是愛攻擊人！中傷人！

△五月四日（星期六）獲頒「五四文藝節」文藝創作獎章

從下午到晚上，出席全國文藝節大會及文藝獎章頒獎典禮，近幾年都在三軍軍官俱樂部舉行，我獲頒文學創作獎。下午三點，副總統吳敦義主持慶祝大會，四時會員大會，五時半餐會，晚上七到九點文藝晚會。

大會全程，好友蘭觀生和吳元俊在場幫我照相，晚上一起會餐、看晚會。蘭先生認識多時只是不很熟，他也是中國文藝協會理監事成員。他是信義學長的同期同學，專長戲劇，也拿過不少文藝獎章。

說來我開始文藝創作大約五十年了，從初中開始塗塗寫寫，欠缺天份和環境，多在黑暗中自己摸索。今日，竟獲全國文藝節表揚，又得一座創作獎，真是始料未及，如天上掉下來！

△五月廿日（星期二）千歲宴宴前會議

上午是退聯會的上班日，志恒再一個個打電話提醒，以免老人家忘了，也有臨時生病不能來問怎麼辦？秀錦再協調社團表演和午餐，雅慧整理名牌，我也再尋問長官蒞臨情形等。

中午在食科所召開最後一次會議，再確認參加人數、午餐事宜、工作分配、節目順序等。另楊華洲兄當選職工會理事長，也利用機會向他道賀，未來找機會請他餐聚以示慶祝。

△《台灣大學退休人員聯誼會會務通訊》出版事宜

我接理事長時，楊建澤教授（第四屆理事長）拿一疊本會《會訊》給我，說把它整理出來功德無量，其他理事長、會員也有這個期待，大概看到我對整理文獻比較內行，把這任務交到我身上。因欠缺很多，我又花時間公告找尋，又得到不少！

我思考很久，最好的方法是正式出版才有用（圖書館才會典藏）。於是去年開始，我請理事黃存仁先生（資訊組長）幫忙掃描，共六十多期，到今年春節過後不久大抵完工。四月時我先請文史哲出版社幫我全部列出來，方便我逐期校對，到六十三期竟多達七百多頁。

若會員大會每人一本，要花十萬多元左右，理監事會可能會認爲花太多。所以，我先考慮到「化緣」，文康會主委、校長、企業界的金主，看那裡有錢往那裡化！總會有希望！

△五月廿二日（星期四）「千歲宴」

由我們退聯會主辦，教聯和職工兩會協辦，準備了半年多的「千歲宴」，今天幾乎人人都說「圓滿成功」，多位長老對我樹大姆指叫好，稱是空前。校長楊泮池教授親臨現場致詞、看社團表演，顯得很高興滿意。詳另見第三篇〈不小心搞大了：千歲宴經過實記〉一文。

△五月廿三日（星期五）：慶功和天帝教有約

三會夥伴終於辦完千歲宴，大家都盡心盡力。今天中午三會理事長和幹部們一起在「春花微笑」（溫州街）會餐，到有游若篍教授〈以下名銜均略〉、楊華洲、陳梅燕、許秀錦、蘇瑞陽、陳梅香、何憲武、陶錫珍、曾萬年、官俊榮、陳明珠、吳定遠、葉文輝、吳元俊、陳昌枏、杜雅慧、陳志恒、關麗蘇、方祖達和我自己，席開兩桌滿滿。

自從去年我出版一本天帝教研究的書，《天帝教的中華文化意涵：掬一飄〈教訊〉

品天香》（文史哲出版），我就很想帶臺大朋友參觀位於台中清水的「天帝教天極行宮」，今天終於和天帝教「中華宗教與和平協進會」秘書長劉曉蘋小姐敲定，六月十三日（星期五）上午十點半，我方人馬有：教聯會秘書陳梅燕、職工會也是退聯會文康組長許秀錦，退聯會的關姊、志恒和我，一起在新店的天帝教總會開會，建立溝通平台並先確定九月某一天參訪，概略行程先擬訂，細節以後再連繫。

△五月廿六日（星期一）

今天雖非退聯會上班日，下午因有事到校長室我秘書蔡素女和記者辦公室的郭先生，把千歲宴執行情形做一簡報，準備《校訊》要報導。事畢，回退聯會辦公室，見秀錦仍在辦公室忙，她身兼職工和退聯兩會志工，特忙，感謝她的付出！

△五月廿七日（星期二）：業務精進檢討

星期二是臺大退聯會的上班日（形成的傳統），各組長和理事長利用今天碰面議事。其實，幾乎每天辦公室都有人在，鍾鼎文每天上班，他今年高齡九十三了，我都不好意思請他辦事。

今天也是秘書長劉鵬佛安排我評古說今的時間，我改成「退聯會業務精進討論」，志恒、雅慧、明珠、關姊、鍾老、昌栩、秀錦、佛，都在場，針對長期大家認爲要改進的慶生會和評古說今，及其他業務的配合，我寫成書面報告，詳見第三篇〈臺大退聯會工作、業務精進調整概說〉一文，大家熱烈討論，都希望把事情做好。說來這群志工夥伴頂可愛的，目前的主力幹部也年輕，雖都是退休人員，還是很有活力。

中午是「三劍客」固定每年三大節的輪莊召集，今天是俊歌，這次加入一個老楊，大家叫「四人幫」（都是臺大主任教官退休）。在芝山一家叫「陶園」的美食餐廳，另外邀約的朋友有：小馬、關姊和蘭觀生。

利用餐會空閒，叫大家填寫今年八月「佛光山佛學夏令營」資料。今年參加者除我、信義、俊歌、關姊外，另加楊長基、陳梅燕（均臺大主任教官退）、涂安都師兄（我在四三砲指部當營長，他是當時的少將指揮官）。

去年我參加佛學夏令營前，偶然碰到老指揮官，問他「要不要一同到佛光山參禪？」他欣然同意，我幫他報名參加。同行時，他告訴我和信義說：「我們現在都是佛門中人，叫師兄就好！」

△五月廿八日（星期三）：醉月湖論劍

上午，新當選的第廿六屆臺大職工會理事長楊華洲先生、教聯會秘書陳梅燕、老友陳昌栴和我，四個人在醉月湖畔，邊喝咖啡邊聊幾項重大工作。（一）準備結合三會幹部（教、職、退），研議如何壯大教聯會和逸仙學會，該兩會員在式微中。（二）向文康委員會主委江簡富教授建議，爭取一個共用辦公室，找志工來「正式值班」，方便會務推展。（三）參訪天帝教「天極行宮」事。（四）如何處理職工會的內部造反，要用「武力戰」（公開決裂、揭穿造反者的邪惡面目、訴諸法律行動），或用「政治戰」（私下協調、圓融處理、免傷和氣）。陳昌栴是武力戰強手，陳梅燕是政治戰高手，我一向站在正義的一方，文武力戰，我決不手軟。

我從年輕時代，以「春秋史官」自居，是故我最愛「以筆爲槍」，記錄人間的黑白，臧否之。

爲此四個議題，我們四人在湖畔聊到快十二點，我離去前提醒華洲兄，你現在已進入「戰場」，不論用文用武，要有「戰爭準備」的打算，慢慢醞釀，使形勢比人強。

今天另一個臨時議題，是我提出來，退聯會要出版《會訊》，須款約十五萬，我正積極向各方「化緣」。昌栴和花旗銀行高層有不錯的關係，華洲兄謂冠德建設公司老闆馬玉山是校友，也樂善好施，有這些好因緣，想來會訊出版應該順利才是！

△臺大職工聯誼會內部造反事評議

我目前在臺大仍保有幾種正式的身份，這些身份還有不少雜事：（一）退聯會理事長、（二）教授聯誼會會員、（三）職工聯誼會會員、（四）登山會員、（五）逸仙學會會員、（六）秘書室聯合服務中心志工。十多年來，我在這些團體，「玩」的如魚得水，快樂！最佳的退休生活！

職工聯誼會最近暴出造反事件，現屆理事長楊華洲兄新當選，上屆會員洪泰雄（註冊組長），出面指控「作弊」，要「推翻」現任楊兄。無由無據，如何作弊？顯然這是惡意鬥爭，惡搞！何況這是無利可圖的，沒有作弊的誘因，過程公開也無作弊機會。我一向看不慣這些邪魔歪道，但這世界偏偏半黑半白、半正半邪！

上月（四月廿三日）我參加職工會第廿五屆會員大會，現場投票選出理監事會，再由理監事選出理事長，楊華洲當選成爲第廿六屆理事長。註冊組長洪泰雄指控「作弊」，又無根無據，不久他發函給廿五屆理監事，要重選廿六屆理事長，劉中鍵是廿五屆理事長竟也同意（如下頁函）。這豈不是洪、劉二人聯合要鬥垮楊華洲。

這份函件的來源保留不公開權利，但全函內容應受公開評議、檢驗，既然第廿六屆已經上路運作，廿五屆任務就已結束。所以，現在廿五屆要開會重選理事長，本質上已是「非法集會」，廿五屆理事長劉中鍵爲何不站在合法、正義之一方？而廿五屆衆多會員、理監事，難到任由邪道橫行？不知公義爲啥東東！

這個事件若比擬政壇，就好像已下台的前任總統（假設陳水扁），發函給他任內的各部會首長，要召開國安會，要宣佈新任總統馬英九當選無效，說馬作弊，說要重選。荒唐！惡搞！已入百大的世界級大學，內部竟有職員搞這種不入流的惡鬥，也是神奇！不知華洲如何打這場仗！

臺大職工聯誼會

第廿五屆理事會議記錄

會議時間：一 0 三年五月九日（星期五）中午 12:00~13:30

會議地點：第二行政大樓(農化新館 R116)主計室邁頂辦公室會議室

主持人：劉中鍵理事長

出席者：洪理事泰雄、楊理事華洲、童理事敏惠、周理事宜樺、竇理事松林、陳理事鳳如、蔡理事莉芬、賀理事國樑、張理事白雪

缺席者：康理事素貞(請假)、黃理事慧鳳(請假)

紀　錄：林長仁

主席報告：

一、因有會員反應並質疑本會第 26 屆理監事選舉過程不符合程序，建請應重新改選，因而召開今日會議。

二、本會理事應為 15 人，今日出席 10 人，已達法定開會人數，宣布會議開始。

提案討論：

提案(一)建請重新改選本會第 26 屆理事案，提請討論。

說明：(如附件一)

決議：1. 通過重新改選本會第 26 屆理監事案。

2. 改選前應確認下列事項：

(1)重新確認 25 屆因退休轉榮譽會員喪失理事資格而應遞補之理事名額及遞補理事人員。

(2)釐清並確定認遞補理事後，第 26 屆理事應改選之實際理事名額人數。

(3)改選之選舉方式將以網路投票方式辦理。

(4)依本會組織章程第十二條第一款規定，選舉辦法另定之，故應制定選舉辦法，提交下次理事會討論。

提案：建請重新改選本會第 26 屆理事乙案，請　討論。

提案單位:

說明：

陳立梅

一、　查本會第 25 屆理事史靜玉、許秀錦於任期結束前榮退，依本會組織章程第五條：「略以…。退休後轉為榮譽會員」及第七條：「榮譽會員之權利與義務：一、權力：除不得被選為理、監事外，其餘與正式會員相同。…」規定，於退休當日已不具理事身分。復依組織規程第十二條：「略以…。理事出缺席時由候補理事依序遞補。」，出缺之職應由當屆候補理事陳鳳如、康素貞依序遞補，惟經查本會並未依規定程序完成遞補。

二、　本會於本(103)年 4 月 23 日召開第 25 屆會員大會改選第 26 屆理、監事，依投票結果除 8 位應改選之理事外，另置候補理事康素貞、謝錦嬅兩位，惟按前述說明，康素貞應已遞補為正式理事，其任期至 104 年度為止，本會仍視其為理事參選人，並不符合程序。

三、　又本會組織章程第十二條：「一、理事會由理事十五人組成，並置候補理事三人…。三、理事長由理事互選之，…。」敘明理事長之任免，應由 15 位理事互選之，而本會 103 年 4 月 30 日召開之理監事會議因未依法遞補理事致僅 13 位理事參與互選，卻授權 2 位候補理事加入投票，其授權依據有待商榷。

四、　綜上所述，本會第 25 屆理事未依規定遞補出缺即改選下屆理事，影響應遞補為正式理事陳鳳如、康素貞二位之權利義務，致第 26 屆理事會之組成有其疑慮，是次改選應屬無效，建請劉理事長依組織章程妥慎處理遞補事宜後，另訂選舉辦法重新改選下屆理事及理事長，以昭公信。

△五月廿九日（星期四）

今天下午是每週一次，例行在「臺大聯合服務中心」值班的日子。從退休至今十多年來，未曾中斷的志工，感覺很好，交了一群很真誠的臺大朋友。

經過「大人物管理顧問公司」，順道進去向老友范揚松「化緣」，做爲《臺大退聯會會訊》出版經費，他慷慨答應贊助兩千元，這是一個緣的化成。老早我在這群朋友也公開說過，凡因公益，隨時找到我，半句話不多說，一兩千贊助絕無問題。這不是錢的問題，也不是面子問題，而是一份「緣」的形成。

△六月二日（星期一）：全統會宴請大陸朋友

吳信義、吳元俊二位師兄和我，多年來已成「臺大鐵三角」，舉凡臺大的活動，登山會、退聯會、逸仙會，仍至校外的全統會、佛光山等，大多相約一道前往。吾等三人，是人生道上的同路人，後來又加楊長基學長，就叫「四俊才」好了！

今天中午，有大陸朋友來訪，信義師兄老早和我講好，全統會有多少人參加一起宴請大陸朋友。中餐在中華路「典漾」席開兩桌，我方有化公、信義、俊歌和我等十多人。大陸方面有王平、劉正風、李偉宏、蔣金龍、錢鋼、商駿、吳曉琴、李衛新、賈群、陳朋，共十人。

天津市海峽兩岸民間交流促進會
赴臺訪問團人員名單

王　平
中共天津市委統一戰綫工作部副部長
天津市海峽兩岸民間交流促進會理事

劉正風
天津市黄埔軍校同學會秘書長
天津市海峽兩岸民間交流促進會理事

李偉宏
天津市民族事務委員會（天津市人民政府宗教事務局）研究室主任
天津市海峽兩岸民間交流促進會理事

蔣金龍
天津市人民政府僑務辦公室調研員
天津市海峽兩岸民間交流促進會理事

錢　鋼
天津市人民政府參事室、天津市文史研究館文史業務處處長
天津市海峽兩岸民間交流促進會理事

商　駿
天津市社會主義學院人事處處長
天津市海峽兩岸民間交流促進會理事

吳曉琴
天津市臺灣同胞聯誼會人事處處長
天津市海峽兩岸民間交流促進會理事

李衛新
天津市歸國華僑聯合會辦公室副主任
天津市海峽兩岸民間交流促進會理事

賈　群
天津市人民政府臺灣事務辦公室調研處主任科員
天津市海峽兩岸民間交流促進會理事

陳　朋
中共天津市委統一戰綫工作部聯絡處主任科員
天津市海峽兩岸民間交流促進會理事

△六月三日（星期二）：滕則權來訪

八點四十分，我一進退聯會辦公室，俊歌和滕則權（全統會員）已經在坐，我心裡有數，滕先生找我幹啥，我因退聯會公款事要去銀行，我請他長話短說：（一）把古寧頭戰場上的大陸陣亡官兵遺骨送回大陸；（二）請大陸在金門建一座孔廟；（三）要我寫一篇喚醒國魂、軍魂的文章；（四）台灣現在沒有方向，統獨把自己鬥垮了，叫我寫一篇「救世文」。

我簡單告訴他，（一）（二）項非我所能，他可慢慢推；（三）（四）項是台灣四百年來（鄭成功走後），社會發展的常態，台灣這地方數百年來無國魂、無軍魂，要喚醒什麼？而內鬥通常是統一的前曲。兩蔣時代我們以中國自居，故有國魂、有軍魂、有民族主義，現在竟要「去中國化」！我們會一無所有！我勸滕兄別白做工了，他悵然而返！未來的台灣只有統一，捨此都是死路一條。

說真的，滕兄找我寫一篇「救世文」，也太看得起我了。今天的台灣有誰能用一篇文章，就能喚醒國魂？想必上帝和佛也無能爲力吧！

我從銀行回來，辦公室正在熱鬧，秀錦忙著叫我簽結辦兩性聯誼的參萬多元，佛兄和我研究理監事會事宜，雅慧上週我給他一大堆打字的東西，她全打好了要我校對，這些都是理監事要報告。志恒也忙著整理「千歲宴」照片，而我，關於業務改進要和大家研究；關姊正在桌上振筆疾書，她的事也很多，明珠姊高興得說她找到接班人了，辦公室另一端有大老在聊八卦，每週二上午的辦公室儼然像一個小城鎮裡的傳統市場，很溫馨！

上午職工會新任理事長楊華洲先生也來辦公室，陳昌枏也在，按他二位所言，已對職工會內部「造反派」發動攻勢，以昌枏爲主力戰將。我對他二人表示支持，希望他們打勝這一仗。畢竟，公平、公義和合法性原則是要維持的，以臺大之尊，內部的黑暗應少到最少，甚至全部陽光化，無不可告人之事。

△六月四日（星期三）：為《會訊》「化緣」事

近來我爲《臺大退聯會會訊》出版事，鎖定若干「化緣」對象，除前面大人物公司范揚松已要贊助兩千元，昨日文史哲老闆也是老友彭正雄贊助六千元，今天和中國詩歌藝術學會林靜助先生通電話，他答應贊助兩萬元，現在快三萬了，甚表樂觀。

下午，妻在臺大動博館當志工，我到校園走兩圈，順道去看她，她正忙著向參觀者解說，我到退聯會辦公室辦些雜務，秀錦正好也在辦公室忙。她身兼兩會（退聯、職工）

業務，這段日子她最忙。

△六月五日（星期四）：在臺大玩了一天

今天是例行的合唱團練習日，幾日前志恒已通知今天淑美教唱〈兩隻蝴蝶〉，十點到辦公室練習到十一點，中午有個聚餐。下午是聯合服務中心志工日，今天在臺大竟也玩了一天。

△六月十一日（星期三）：虞兆中校長走了

上午和文史哲出版社談《臺大會訊》出版事，七百多頁，訂價一千元，給臺大退聯會每本六百元（暫訂），下週二以這個價向理監事會報告。

下午，校長室秘書楊小姐來電，前校長虞兆中追思會將於六月十八日上午十時，在校總區第一會議室舉行，請退聯會統計參加人員。我打電話請志恒統計，她很快傳伊娟兒去出。

今天也聯絡到天帝教劉曉蘋小姐，商談後天開會的主旨，再電話關姊、秀錦、志恒，叫大家準時到場。

自從五月廿二日辦了「千歲宴」，各方反映似乎不錯，校長楊泮池教授親臨現場感覺很好。所以，有消息傳出，人事室要辦活動，有意請我們退聯會協辦或主辦，看來「生意」上門了。今天出刊的《臺大校訊》，刊出我們辦千歲宴訊息和與校長合照的照片如下：

《臺大校訊》·二〇一四年六月十一日·第四版·

退休人員 職工及教師聯誼分會舉辦千歲宴活動

為關懷退休人員較年長者平常較少於校園活動，文康會退休人員、職工及教師三個聯誼分會 5 月 24 日假綜合體育館文康室舉辦 80 歲以上「千歲宴」活動。出席名單包括：教務處課務組主任郭輔義先生、軍訓室總教官宣家驊、軍訓室教官鍾鼎文、軍訓室教官鄭義峰、總務處保管組股長林 參、總務處蕭添壽先生、總務處翁仙啓先生、圖書館組員柯環月女士、圖書館閱覽組股長王鴻龍、文學院人類系組員周崇德、理學院動物系教授李學勇、法學院王忠先生、法學院工王本源先生、醫學院組員洪林寶祝、醫學院組員連興潮、工學院電機系教授楊維禎、農學院生工系教授徐玉標、農學院園藝系教授方祖達、農學院技正路統信、農學院園藝系教授康有德、附設醫院護士曾廖日妹、農業陳列館主任劉天賜、圖書館組員紀張素瑩、附設醫院組員宋麗音、理學院海洋所技正鄭展堂、理學院化學系技士林添丁、附設醫院組員葉秀琴、附設醫院技佐王瓊瑛、附設醫院技士劉人宏、農學院農化系教授楊建澤、農學院農經系教授許文富、園藝系教授洪 立、農學院森林系教授汪 淮、軍訓室教官茹道泰、電機系技正郡依俤。

楊泮池校長與出席人員合影留念

△六月十三日（星期五）：拜會天帝教商談參訪事

和天帝教的劉小姐約好，為參訪天極行宮事，今天上午十點半在北新路的「天帝教總會」見面，教聯會陳梅燕要開會，信義師兄出國，二人不能到會。我方參加與會有：會員組長陳志恒、活動組長關麗蘇、文康組長許秀錦和我共四人。

天帝教方面有：總會副理事長郝寶驥（光聖）、掌教陳光靈（啓豐）、秘書長劉曉蘋（鏡仲）、秘書李雪允（語璇）、副秘書長陳己人（鏡人）。到四樓會議室，雙方略做介紹，便開始討論主題，席間大家也閒聊國內的宗教關係，簡介天帝教等。中午前得出三點決議：

第一、臺大這一日遊並參訪天帝教「天極行宮」，時間訂在九月十七日（星期三），這天雙方重要工作排開，以不干擾到年度要務為宜。

第二、人數以一部遊覽車（四十二人）為準，當日早晨七時半從臺大校門口出發，到天極行宮，午前時間全由天帝教安排，中餐在行宮用齋飯。我們以一日遊的正常中餐經費，做為奉獻金。下午時間我們自行安排，參觀台中其他景點。

第三、確定人數在八月底告知天帝教承辦人，行前再確定一次。

今天下午回報秘書室楊小姐，第一批參加前校長虞兆中教授追思會人員有：黃啓方、盧曼珍（及其父親）、劉廣定和我本人。下週二理監事會我再宣佈，會有第二批參加者。
虞校長是本校光復後第八任校長，任期是民國七十年八月到七十三年七月。

△六月十五日（星期日）：《會訊全集》第一版

上午天氣好，下午細雨綿綿，到校園散散步，雨停時看校園很美，到處一片綠油油。也正好約了文史哲出版社老闆，三十本《臺大退聯會會務通訊》印好了。明天去跟校長「化緣」，也要帶一本給校長，向他報告加印和提序的事。

辦完事，一個人到醉月湖畔小坐，享受半小時的寂靜、清閒，湖畔的咖啡小館也吸引人，每回來我總要喝一杯「醉月咖啡」；邊喝邊胡思亂想，自從民國八十三年四月十六「逃難」到臺大，接著「閏八月危機」讓我瞬間鹹魚翻身，如麻雀變鳳凰，如今思之，仍感奇緣啊！奇緣！常獨坐醉月湖喝咖啡寫詩，如下：

醉月湖畔的悠閒

臺大醉月湖畔景觀是個微型異世界
這裡沒有地心引力

人和湖邊居民都是輕飄飄的
——我不是說阿飄
何況月和湖都喝得醉眼惺忪
誰知道誰有幾兩幾斤重
你不必做什麼
只要走到湖畔人就自然隨風飄揚
心當然也就飄然出塵而飄逸起來

湖邊可愛的咖啡亭也會與你神交
叫香香姑娘端上一杯熱騰騰的咖啡
香雲縈繞　神思騰雲駕霧
鴿子、水鴨、游魚、烏龜、黑天鵝
超可愛的大白鵝
這些居民教育水平高又有氣質
個個都是溫文儒雅的君子　淑女

過著桃花源理想國的悠閒日子
你不知不覺被這裡的文質彬彬和悠哉悠哉感染
身心似白雲悠悠

晚風臨、情思繚，那人向我走來
水聲悠揚，而夢無痕
漾漾醉意中，向垂柳說幾句情話
你不信嗎
湖邊一刻是外境一年
幻境也好，實境也罷
人生苦短，承擔太多，身心過重
何不讓醉月湖的悠閒減輕你的重量
擁美景入懷，邀悠閒入夢
別老是受某種引力控制
人生輕飄飄，身心飄飄然

三月花季——之一

三月花瓣如雪滿城飄飛
老椰和青春杜鵑相依偎
落花紛繽催人老
一陣微風起
落葉飄花紛紛奔向
輪迴的大道

啊！我在這有生之年的片刻
就因緣具足
竟經不起眾花如林的吸引糾纏
午夜，公然在
椰林下，與杜鵑幽香
交歡
如在生命終結前再次詮釋這段情愛

才沒幾天，千姿百媚的紅白花香已顯老態
印證花無百日紅，人無千日好
短暫交歡就枯萎
足以詮釋生命的意義
縱使飄落，沈埋塵土
依然圓滿、唯美

一九九七年三月「臺大花季」
在椰林大道上思索

三月花季——之二

每到三月
各辦公室、各院系、教職員、師生……
紅花綠葉、百花粉蝶
全都蜂湧到椰林大道上

尤其到了月中
純白、艷紅、淡紫…
各自在舞台上展現她的絕色
每一朵都是名模

一陣微風細雨輕拂
花萼承托嬌無力，幾聲嘆息
一群群鶯啼燕語，落了凡塵
有些仍挺立風中蕩漾微笑
遲早也都要落一地相思淚

又隔週，椰林大道上人海和花海爭艷
小販、書攤、樂團
創造另一個舞台
而杜鵑，暗香浮動

在風中的舞台上，依然清麗脫俗

一九九八年三月
臺大杜鵑花季即景

她，在醉月湖

醉月湖水波盪漾
些許春愁，還是春天，吹著春風
微風情不自禁
漣漪掩不住她內心的秘密
整座湖醉的腮紅氾氾

橋畔垂柳，酥髮飄逸
在微風中，輕柔的手
撫弄那醉了的湖面
看她，柳姿湖色的腰

她是一幅迷惑醉人的風景
我也一醉入迷
與妳相約在夢境
醒來時
已是深秋

一九九七年秋在臺大醉月湖
賞春景有感

△六月十六日（星期一）：見江教授談申請補助事

下午兩點一進辦公室，關姊仍在忙著後天一日遊的事，同時九月十七日到清水一日遊和參訪天極行宮，也要在明天理監事會報告。

兩點半，到校長室打算向校長報告《退會通訊》出版事，校長正忙要公不在，我請校長秘書另外約時間。

三點，到電機館面見江簡富教授，江教授是「臺大文康委員會主任委員」，管轄三十多個教職員社團，我們退聯會是其中之一。所以，江教授是我的「直屬一級長官」，

《退會通訊》出版一定要向江教授報告，才能得到學校的補助。

經我向他報告，《退會通訊》要印贈會員每人一本，大約十五萬左右。我目前向各方化緣，希望校長和文康會有補助。經江教授指點，如此這般，我另呈一文，把全案詳做說明，補助出版大致是沒問題的。

晚上六點半，校長室秘書來電話，後天上午八點半，校長約見，太好了！我得準備好要向校長報告的內容，《會訊》出版才能爭取到最多經費。經這些日子的努力「化緣」，經費問題愈來愈樂觀，可以幫本會省下不少錢。

△六月十七日（星期二）理監事會、兩性聯誼會

上午理監事會，八點三十分到十點十分看〈黃河大合唱〉，影片由路統信提供播放，全片很有鼓舞中華民族大團結的功能。看完有陳美枝、鍾鼎文、丁一倪、陳志恒等委員發表感想。志恒說，她出身黃埔世家，爺爺就是黃埔建校時的教官，從小立志要當花木蘭，因體檢未過才來讀臺大的。

但李學勇教授有不同看法，他看完〈黃河大合唱〉後，嚴厲批判「黃埔精神」不見了。這是一個見仁見智的看法，只能尊重各方。

各組組長按負責職掌報告，均見《會訊》第六十四期。在臨時動議有王本源提案，陳情人是王鴻龍，謂本校退休人員使用網球場，原來半價，去年改全額收費，建議學校改善。

我的報告主要針對《會訊》出版和經費籌募，另見第三篇向理監事報告《會訊》出版等短文。

理監事會也順便報告前校長虞兆中過逝、路統信、林參、陳美枝、陶錫珍、方祖達、鍾鼎文，含上週五共有十二人代表退聯會參加〈包含我自己〉。

理監事會開到十一點五十分，趕到食科所開十二點的午餐會報，人事室主辦的兩性聯誼（賴寶琇組長與會），教聯會理事長游若篍教授、職工會理事長楊華洲先生、我和三會夥伴十多人都參加會議。本活動就在這星期六，時間有些趕！

△六月十八日（星期三）白天：見校長、前校長虞兆中追思會

上午八點二十校長約見，先閒聊兩分鐘，向校長報告從我任理事長至此時的若干重要工作，這是我和校長的第四次見面，前兩次在退休茶會，第三次千歲宴。差不多時間我直接輕鬆表達，除了呈贈《退聯會訊》一本，也爲出版經費向校長「化緣」，最後校長表示結論有：（一）千歲宴照片放內頁，（二）同意寫一篇序，（三）經費待文康會處理後再看，若有不足再設法。

上午十點到中午十二點半，前校長虞兆中追思會，除現任校長楊泮池、前校長李嗣涔致詞，尚有十多位教授、門生致詞，過程中看些影片。諸多致詞均無書面資料，聽過全忘了。只有一位物理系教授叫林清涼有書面資料，如下：

追思虞兆中校長

家屬、校長、各位教授和朋友們好，
在天上的虞校長好！
讓我們一起來回憶敬愛的虞校長：
他是位生活簡單樸實，
極為負責任，
嚴格地執行他的理念的偉大學者。
虞校長完成了影響深遠的五大工程：

第一是開啟通識教育。

校長在民國七十一年初和沈君山教授、我已故丈夫馮纘華在臺大長興街六十號之一、二樓籌備當時極為困難的，對非理工科系學生開授自然科學方面的通識課程。在虞校長之堅持和沈君山的妙計：邀請當時的國科會主委吳大猷先生，聞名的生命科學專家譚天錫先生，資訊和自動化專家謝清俊先生，一起開課，才能在七十一學年（一九八二年九月—一九八三年六月）成功地排除一切反對與阻擋，向非理工科系學生開”自然科學大意“之課。這就是今日大專院校執行的通識教育之起源。

第二是成立危害物品的管理體系和制定規則。

在民國七十年八月，物理系發生了最危險的中子輻射問題，才發現臺大竟然沒對危害物品的管理機構以及該遵守的規則，於是虞校長約費一年時光建立全校的管理體系，並制定務必嚴守的規則。

第三是徹查全校的公共財產，以及健全運作制度。

釐清學校和各系所的公共財產，並且健全運作制度，確實是件艱難工作。虞校長和當時的營繕組主任茅聲燾教授合力完成了它。另一面落定新總圖的建設規畫。

第四是疏通排水系統和美化環境。

虞校長一上任立即清掃大小排水系統，例如從椰林大道兩旁約一公尺寬的人行道下之大水溝，清出大量污泥土堆滿了椰林大道。於是再大的驟陣雨也不擔心淹水了。

第五是執行他的“自由民主理念”。

在種種規範與限制下，虞校長默默地執行他的自由民主理念。在戒嚴之下，暗中讓各系所主任作自己想做之事，萬一有事，虞校長必會協助解決。於是臺大物理系才能制定民主的系所運作章則，而立即執行。臺大有今天的自由民主作風，虞校長的功勞不可沒，他永遠是臺大一盞溫暖之燈。敬請

虞校長在天上安息。謝謝大家　晚輩林清涼　鞠躬　二○一四年六月十八日

以上是已退休的物理系教授林清涼的追思詞。虞兆中校長在六十六歲時從工學院院長退休，再被請回去當校長，可見他是真正、無可取代的人才。

晚上要會餐，下午利用一點時間，前往探視住木柵的前理事長沙依仁教授，並帶一本《會務通訊》給她，已經復健一年的沙教授，看來很有進步，她說年底一定來參加會員大會。

沙教授當退聯會理事長時，據聞，她非常投入，在辦公室時間很長。當時她身體已經不太好了，我鼓勵她好好復健，年底才能來開會員大會。

△六月十八日（星期三）晚：逸仙、教聯、職工和退聯四會幹部聯誼

今晚餐會按游若篍教授和陳梅燕邀約名單有：何國傑、丁一倪、竇松林、陳國華、陶錫珍、馬小康、羅漢強、包宗和、楊華洲、劉中鍵、許火利、王佩華、江簡富、林奕華、林達德、徐源泰、徐富昌、葉文輝、蘇瑞陽、吳信義、許秀錦、鄭大平、吳元俊、吳應寧、林建甫、張榮法、官俊榮、曾萬年、黃宏斌、王潤身、張茂榮、陳梅香、陳榮綺、陶瑞麟和我。

結果，只有少數一二臨時未到，共席開五桌，張榮法要出馬選台北市議員，也在現場拉票，高粱酒不知喝了多少瓶！直到九點才散席。

△六月十九日（星期四）：合唱團要成果驗收

上午是例行合唱團練習時間，淑美教一首新歌〈風吹的願望〉，到目前爲止，練習尚可。雅慧提議年終會員大會要獻唱，也是成果驗收，眾皆同意。

上午也利用時間把參考資料提供校長室，讓校長對退聯會《會訊》出版能更了解。

下午在聯合辦公室值班，值完班回退聯會辦公室，草擬向文康會申請補助《會訊》出版經費報告。五點多才下班，趕另一場陸官四十四期同學會的理監事會。

△六月二十日（星期五）：為兩位傷心的女人療傷止痛

幾個月前，上帝又以無常說法，讓兩個女人傷痛欲絕。關姊的兒子才四十幾歲，意外車禍走了；小馬的弟弟現階海軍少將，已佔中將缺，一個小小意外地先行一步，兩個有爲青年先後去了西天。事發後，我向兩位傷心的女生說，等事過境遷，情緒安穩，我供養諸佛菩薩，爲兩位療傷止痛。

今午在明達館（臺大校本部內）的「療傷餐會」，除我和兩位傷心人外，有信義、俊歌、志恒、秀錦及臨時來的黃小姐，共八人。餐前我先說「供養」有療傷救苦的依據，來自佛陀十大弟子中神通第一的目犍尊者，爲救母出離苦海，請示佛陀方法，佛陀教以七月十五日供養諸佛菩薩十方僧衆，以功德力救於倒懸，這是後世盂蘭盆會的由來。我雖無目犍連尊者的願力法力，但我有這顆心，以一顆真誠的心，爲兩位女生療傷，希望能放下後，回復快樂的生活。

氣氛溫馨的餐會在兩點多結束，我回辦公室處理要呈文康會的公文，秀錦下週三要出國，我請她儘快，出國前有個結果。

△六月廿一日（星期六）配合人事室承辦兩性未婚聯誼

大概退聯會去年辦未婚聯誼和今年的「千歲宴」，成效太好出名了，最近人事室不知爲何也要辦未婚聯誼，找上退聯會、教聯會和職工會原班人馬（有縮編），辦「臺大緣來·有你（妳）聯誼」，實卽未婚聯誼。

這次任務編組：總召集人有人事室賴寶琇組長、教聯會游教授和我；主持人是梅香和蘇老師（臨時有改）；總幹事許秀錦；活動組有官俊榮、陶錫珍、曾萬年、王佩華、葉文輝、陳梅燕；採購組秀錦和華洲兄；招待組有陳縈琪、陳明珠、劉鵬佛及人事室三個顧員；總務是吳定遠；報名組有蕭家俊和許秀錦。

上午八點一刻，所有工作人員已在大一女舍會議室（校本部）集合完畢。整個活動「照表操課」「依樣畫葫蘆」，到下午兩點才結束，去年到今年這種活動辦四場了，我有不少疑惑。現代年輕人（特指大學生），可以說最忙的忙人，日以繼夜、整年整月，都在忙各種活動，但爲何不會談戀愛？很奇怪！

照理說，現在是自由戀愛時代，社會又開放，應該是青年男女個個是談戀愛高手。而實際上相反，年輕人不會談戀愛，「不愛我就給你死」，時有所聞，奇怪啊！

△六月廿二日（星期日）

下午在文史哲召開《華文現代詩》季刊會議。

會後，爲《臺大退聯會會訊》出版事，向前來開會的國際崇她社台北社長鄭雅文小姐「化緣」，她當場贊助兩萬元，感謝她。

△六月廿三日（星期一）《會訊》贈圖書館兩本

和總圖書館的江玉婷小姐約好，把兩本《臺灣大學退休人員聯誼會會務通訊》在上午送來，一本贈總圖，一本贈「臺大人文庫」。

大約五六年前，我得知校本部總圖爲配合學校發展方向，教育卓越、研究卓越及社會關懷三項核心精神，希望透過「臺大人文庫」蒐藏臺大人的著作，激發臺大人的學習能量。成立「臺大人文庫」可以讓在學的莘莘學子們，從往昔的臺大人著作進行典範學習。因此，號召臺大人把自己的作品捐贈圖書館，讓「臺大人文庫」永續成長茁壯。

舉凡臺大現任或歷任教職員工、歷屆校友及在校生等所有臺大人的著作、譯作或編審作品，都是「臺大人文庫」之收藏目標。範圍包含臺大人的日記、筆記、自傳、信件、手稿、歷史照片、剪報、證書、繪畫、攝影、教材等圖文資料。

這些年，我贈臺大總圖和臺大人文庫，手稿、著作（已出版）、剪報，含今天兩本《會訊》，論重量可能超過一百公斤了！

△六月廿四日（星期二）上班日

今天上班，辦公室好像很忙，大家忙啥！

路老，忙著向我解釋「黃河大合唱事件」，說它的歷史背景⋯

黃存仁兄來電，一〇二年成果報告大家沒給東西⋯

雅慧，第六十四期《會訊》要打字及以後出遊要⋯

明珠姊，忙明天要乘油輪出國⋯

關姊，八月慶生對、九月參訪天帝教事⋯

秀錦，也要出國，申請《會訊》出版補助如何？

志恒，送她一個未婚聯誼自製的小飾品。

鵬佛，進來交待一些事，就說去新同盟會開會。

我，雅慧說，理事長心在這裡就好！

這群伙伴真是「天上掉下來的朋友」！從未想到脫下軍服，竟意外的當臺大退休人員聯誼會理事長，才有那麼多時間和他們相處。在我眼中，他們各有才華，各有可愛之處！

△六月廿五日（星期三）

總圖書館館藏徵集組李中芳先生E來一函，謂「老師的大作，資料內容精闢，深具參考研究價值。學生提出荐購單，本館急需收藏，以供教學研究之用，能否惠請贈閱以下三本：

《從魯迅文學醫人魂救國魂說起》、《台北公館臺大考古導覽》、《胡爾泰現代詩臆說》。」這三本，都由文史哲出版。

我這輩子至今出版的著作近八十冊，臺大圖書館應有六十本以上，近兩年出的尚未給臺大，我回個E，今日先送六本來給李小姐，嘉惠臺大師生。

今晚有蘇瑞陽老師邀約飯局，地點在公館「春花微笑」，我以外尚有官俊榮教授、游若筱教授、楊華洲兄、葉文輝、陳梅燕、陳梅香。席間，華洲兄告訴我，文康會補助《會訊》出版已批示給三萬元，公文轉到總務長，有消息再告訴我。

△六月廿六日（星期四）聯合辦公室值班

退休後在聯合公辦室當志工，不知多少年了。每周只有兩小時，但這兩小時，那也兩小時，好像整個星期都有事，爲了控制一些寫作時間，還是要嚴格進行「修枝剪葉」，否則時間全被「肢解」掉了！

在聯合辦公室當志工很悠閒，一次兩小時，很適合我們這些老傢伙過日子，除了值班，每回到臺大校園，我也利用時間到處散步。順便核對最近出版的《台北公館臺大考古導覽》一書，每一個景點到底合不合書上所述！

△六月廿七日（星期五）

連續好多回，打電話找退聯會創會者宣家驊將軍（臺大總教官退），要把《會訊》全集送到他府上，奈何電話都沒人接，今天只好郵寄給他，並附一函，說明本書出版緣由，校長和文康會補助等事。

△六月廿九、三十（星期日、一）

這兩天本是我四十四期同學會杉林溪之旅，我因理事長的關係，學校有些事走不開，改由佳莉和媽媽去玩，我則在臺大窮忙，聽高明者講社團經營的課。

下課向職工會理事長楊華洲兄打聽《會訊》出版補助消息，總務長已批示補助五萬元，我請他注意公文下來，我好向校長親自面報。

三十日上午，宣家驊將軍（本會創會者，第一、二屆理事長）來訪，爲我寄給他的《會訊》和照片道謝，未遇，他留下一張便條。

△七月一日（星期二）準備《會訊》六十四期

每回要發出《會訊》都有點亂，上午和秘書長劉鵬佛討論〈評古說今〉的辦理方式，也說到本會《會訊》和每年《成果報告》的編成都有問題，欠缺一個綜合整理的人，各組資料彙整很困難。

凡此，因本會行之有年的慣例，我任理事長一年多了也未改善，說來也是苟且偷安。未來將如何？我任期剩五個月了。

△七月二日（星期三）

到校園散步、運動，又到醉月湖小坐。繞一大圈將近兩小時，中午兩點多的太陽會咬人，正好流一身汗。

四點順到辦公室看看，關姊和佛兄正在幹活。

晚餐前，約六點，校長室蔡小姐來電：校長的序好了，如何給你？我說明天上午九點我親自到校長室來拿。

△七月三日（星期四）校長提《會訊》序

九時，按時到校長室，秘書蔡素女小姐笑著把校長的序給我，和她閒聊一陣，她說：「陳教官！從來沒有退休還能拿到學校的補助款，你是首例，表示校長對你的表現多麼肯定。」我當然一再表示感謝，能拿到《會訊》出版補助，校長還爲這本書提序：

序

本校退休人員聯誼會（簡稱「退聯會」），是教職員工文康活動推行委員會所屬三十五個分會之一，都是為維護本校教職員工身心健康，加強推行教職員工文康活動而成立之社團。

退聯會成立於民國八十五年，十七年來已歷宣家驊理事長、方祖達理事長、楊建澤理事長、沙依仁理事長、丁一倪理事長，到現在是第九屆的理事長陳福成。

今（民103）年五月二十二日，我應陳理事長邀請，參加由退聯會主辦，教聯會和職工會協辦的「千歲宴」活動，看到出席千歲宴的八十歲以上退休長者仍散發出炯炯有神的智慧之光並侃侃而談，一起觀賞本校社團表演，實深受感動。

日前陳理事長來訪，帶來一本厚達七百多頁的《臺灣大學退休人員聯誼會會務通訊》，該書是退聯會歷年來所刊出《會訊》的合編，內容是這十多年來所有會員活動的部份記錄，包括有些資料係為本校建校以來的軼事記載，也算是本校校史重要的旁註。

期望退聯會能夠藉由《會務通訊》之出版繼往開來、再接再厲，大家共襄盛舉，一起推動更多有益身心之活動，提升生命的美好，造福更多的退休人員。

校長 楊泮池

十點開始，是「退聯會合唱團」練習時間，淑美今天教新歌，毛寧唱的〈濤聲依舊〉。

另複習唱過的〈風吹的願望〉、〈兩只蝴蝶〉、〈走天涯〉、〈唱一遍一遍〉、〈最浪漫的事〉、〈煙火三月〉。

十一點多，住在美國的 kelly（中文名兵潔）和她的美國老公來訪，她多次參加退聯會旅遊，關姊、信義、俊歌和我，就在公館請他們便餐。吃到兩點，我趕著回聯合辦公室值班，今天在臺大忙了一天。

△七月五日（星期六）林靜助取消贊助《會訊》

原先答應要贊助《會訊》出版兩萬元的中國詩歌藝術學會理事長林靜助，今天上午打電話說取消贊助，不知爲何？他尚未發跡時我曾助他不少，如今發財（土財主都更），數億身價，竟不捨布施半文，人情之現實，富仁之不仁，真是可怕！就佛法論，是很可怕的事！耶穌也說富人進天堂如駱駝穿針孔，誠是也！

△七月八日（星期二）《會訊》六十四期出刊

今天《會訊》六十四期刊出，各組長都在辦公室忙，除電子版不寄，大約有四百多份紙本期刊要寄出，也夠大家忙一個上午。

大家忙會訊出刊事，我則正好《會訊》補助款公文轉呈校長室，向秘書室蔡小姐解釋本案，和職工會楊華洲談籌款事，也忙一上午。

下午來辦公室正好碰到秘書長劉鵬佛，和他討論打算招開本會「業務檢討會」事宜，長期以來，大家對評古說今、慶生會、會訊編輯、成果呈報等，都有意見，普遍覺得「辦的不好」。不好，就要改善，透過一個檢討會能否找出辦法！

△七月九日（星期三）

下午到辦公室，佛兄和我談業務檢討會合併評古說今日期，原訂八月十三日，因他十二日才從北京回來，經協調會議室可用時間，改在八月二十日上午。前段先業務檢討會，後段評古說今，結束後午餐、散會。

△七月十日（星期四）

今天到聯合辦公室值班，先到退聯會辦公室處理雜務，秘書長佛兄也在，聊著、聊著，聊到一個半世紀來，很多中國人追求的「奇怪目標」，那就是當「美國人」，或千方百計讓下一代到美國讀書、生產，可以當美國人！奇啊！怪！自己兩夫妻省吃儉用，用一生賺的錢去栽培美國人！當兒女都成了美國人，久居美國了！兩老在台灣成了孤獨老人！到底爲啥?這樣的例子我看很多，甚爲不解。

我問佛兄「你是這樣嗎?」他苦笑！

我告訴他：「我三十年前就看破這點，所以從小告訴孩子，，你們都在台灣讀完大學…」。我也勸很多朋友，何苦一輩子省吃儉用，供養美國人?

△七月十一日（星期五）

下午到辦公室處理一些雜務，見佛也在，他最近忙新同盟會的事，總向我說抱歉，會裡工作不夠盡力。我總安慰他說：「大家都是志工，你爲中華民族復興而忙也對，做得快樂最重要。」

△七月十五日（星期二）梅峰農場前一天

明後兩天本會梅峰農場兩日遊，關姊已經完成所有準備工作，不巧，昨日她家被樑上君子光顧，幸好人平安，未損失金銀財寶，她今天不來，明天一早見面。

上午辦公室有志恒、雅慧、明珠姊，突然聊到明年的理事長人選，都說要我連任。

我說：「這要由會員大會決定⋯⋯」確實，這一年多來，我和她們相處、共事，真是愉快、自然，我覺得這一年多來未能使本會的「價值」，做充份發揮，若我連任應有更積極之作爲，只是我完全不想連任。

△七月十六、十七日（梅峰農場二日遊）

辦公室鍾老、明珠、雅慧、關姊和我，及會員、眷屬等，共四十二人一部大遊覽車，到本校位於南投的梅峰農場二日遊，園藝系的農場，距清淨農場不園。這是我十多年來，第三次和臺大朋友來梅峰農場。

晚上，信義師兄、老營長吳普炎、羅先生和我，四人同住一房，我們四人有幾次遊旅同房，我和信義多次同牀。平均溫度約二十度，清爽宜人，空氣新鮮，蟲鳴鳥叫，早晨四點多到六點，面對奇萊山的日出美景，好美，文字不可形容。

△七月十八日（星期五）陳昌相贊助《會訊》

爲正式出版《會訊》，計畫年底會員大會贈所有會員一本，我到處「化緣」，目前總務長五萬，文康會三萬，外界（非本校）也有成績，但不向會員募款（不宜、不妥）。

但昌栩兄拿了二千元來要贊助，我說未向會員募款，不過他一翻好意只好例外收下。

我當卽向昌栩兄說一則佛經上「貧女施燈」的故事，佛陀到A地講法，很多人點燈慶祝，供養。有錢人點大燈，窮人點小燈，有一貧女窮得只能買最小的油燈的半盞油，點起最小的燈，但她的小燈竟照亮三界二十八重天，亮度超過所有大燈。

昌栩兄的二千元，在我心中比那些「大戶」更有價值。昌栩兄的退休金比我少，卻大方贊助，叫人敬佩。相信每位會員拿到書，看到首頁「贊助芳名錄」，感覺和我差不多。

△七月二十二日（星期二）雅慧送葫瓜

最近沒啥大事！辦公室比較清閒，高閩生和關姊忙月底的採果一日遊，鵬佛爲八月的〈評古說今〉和業務檢討傷腦筋，本會尙待改進的地方頗多，長年形成的「慣例」要改也不容易。

今天雅慧帶了兩個大葫瓜來，一個送關姊，一個送我。她家是都市求之不得的「獨門獨院」，前後有空地種菜，真好！感謝她！

△七月二十九日（星期二）

今天辦公室最熱鬧，關姊忙著九月台中一日遊，好幾位來辦公室繳錢。志恒、秀錦、鵬佛、雅慧、高弟、明珠和何主秘（副座）也到了。大家順便聊聊近來的大事，我則預告九、十、十一和十二月的重要工作，叫大家心理先有備。何主秘提示我，明年要續任理監事的人，理事長要先瞭一下。

△七月三十日（星期三）和昌楫兄聊天四小時

上午八點多，到校園散步，走到醉月湖想喝一杯咖啡，却尙未開張，無聊！想到此刻的昌楫兄，應是在運動場運動，就打電話給他，正好他在，幾分鐘後他來了。

我和昌楫兄就在湖畔的咖啡亭雅坐，一聊竟聊到快中午了。天南地北的聊，他對野史軼事知道很多很深，我對正史略知一二，也聊到很多個人私密事，和他閒聊，好爽！中午他說要請，我說不可，不合公平正義原則，他堅持一定要請，我只好說下不爲例。以後我出才對，我領的比他多！

中午在一家日式餐廳吃套餐，邊吃邊聊又聊了快兩小時，我和昌楫認識了二十年了。在臺大幾十年了，他不是教授、不是主任、組長，只當個一年一聘的雇員，但他是一個深值我敬重又真誠的朋友。

在我所有的朋友（男性）中，能像昌枏兄這樣，兩個男人對座聊天，可以聊四五小時，我回顧尋找，還真沒有，昌枏兄是唯一；其他的好友（男性），頂多有事相商，十分鐘便結束了。

晚上是臺大退休教官會餐，在衡陽路極品軒。到有總教官李長嘯將軍，主任教官和教官有俊歌、吳普炎、孫彭聲、王潤身、吳信義、陳國慶、陳梅燕、周錫郎和我，吃到晚上九點才結束。

△七月三十一日（星期四）

上午到辦公室一下，已有多人在，因明天要去佛光山，有五天不能來，交待一些事。

下午在聯合服務中心值班，到四點多下班。

△八月一日到五日在佛光山聽經聞法

連續幾年了，應是第五年了，這個時候都參加佛光山的佛學夏令營。今年參加的有關麗蘇、吳元俊、吳信義、我和第一次參加的陳梅燕，另外有非臺大也是第一次參加的好友彭正雄先生。彭已七十六歲，還願意讓自己成長，參加這種有點辛苦的「佛學」、「夏令營」，相信他應有所得！

△八月七日（星期四）人算不如天算

妹妹打電話來說，二阿姨走了，八月二十一日（星期四）要出殯，我前一天（廿日）要先下台中。正好這兩天退聯會和志工有一大堆事，只好利用今天值班先到辦公室交待、安排，先打個電話給副理事長何教授，請他代爲主持八月二十日的會議。真是人算不如天算！

再寫一張公告貼在公佈欄，大意說：各位組長，理監事、同仁大家好，原訂八月二十日要召開「評古說今和業務討論會」，因我阿姨（我母親的親姊姊）往生極樂，按家族倫理，我必須親自參與告別式（在台中龍井很鄉下的地方）。當日，我不能主持會議，我已親自打電話向副理事長報告此事，請代理主持該會，各項例行推動的工作（如慶生會等）都照常舉行。第二天（八月二十一日）的合唱團練習，我來不及趕回台北，大家也自行練習，淑美老師辛苦了，今年教師節再好好幫她慶祝。

△八月八日（星期五）

下午，志恒打一個電話給我，說「評古說今」在《會訊》公告的是八月十三日，爲什麼公告了才改二十日，大家都不知道，現在有人報名十三日來或未報名當日來，很亂，爲何公告了才改日期？等等。我答：「劉鵬佛公告十三日後，才說那天人在大陸，要改二十日，他是承辦人，只好讓他改，我也要他快通知大家改日期的事…

真的不知如何謝謝陳志恒，經常有「補破網」的，都是她在補，說實在，本會各項業務、工作（如會訊、成果呈報、慶生會、評古說今、理監事會大家沒有習慣整理資料等），推展的並不順利，大家都在拖著、懸著，而我也不想要求太多，大家都是志工。再者，那些問題都是十幾年形成的慣例，大家能「聯誼」得下去就好！

△八月九日（星期六）代表退聯會祭會員母親

當理事長有一項常有的例行公事，代表退聯會公祭某人，有些我完全不熟乃至不認識。但通常家屬希望告別式風風光光，讓現場的人聽到總統、立委、部長、董事長…許多大頭目名銜被司儀念出來，何等風光。而臺大、台灣大學名號最是響亮，代表一定的學術地位，我陳福成是阿狗或阿貓，很少會員認識我（教官和學校其他人淵源不深、也有隔閡，這是臺大的生態。）大家想聽到的只是司儀高聲唸出：「國立台灣大學退休人員聯誼會理事長陳福成…主祭者就位。……」

今天公祭這位體育系陳國華教授的母親，卻並非只是例行公事。陳國華是我敬佩的一位「典型的愛國主義者」，外界的印像似乎認爲臺大是「台獨的大本營」，以我在臺大的感覺，臺大的「台獨份子」還是少數，極少數而聲音大而已。陳國華教授在歷次「保釣運動」中，無役不與，上漁船出海去和倭船對幹，可敬的愛國者。

我說台獨在臺大還是極少數，是我的觀察。但畢竟，臺大現職（在）的教、職、員、工、生及其他臨時人員，將近有五萬人。我國許多建交國家人口比臺大少。

不論多少！台獨份子愈來愈不好混了，前面是死路，後面是絕路，剩下一張嘴，大陸跑得比統派勤。蔡英文領導這群獨派，何去何從？

公祭幹嘛寫這些，想必這支「筆」也想獨立，不聽我使喚。今天來公祭的臺大人有俊歌、信義師兄，有游教授、羅學務長、陶教授等。坐著靜聽陳國華教授念「陳黃招治女士生平事略」一文，他泣不成聲，幾度中斷，我也五內感慨，熱淚滿眶，想到自己的媽媽生前點點滴滴。

△八月十一日（星期一）

爲退聯會出版《會訊》事，我到處化緣，只是不向會員化緣。原因倒不是會員有沒有錢！而是會員必定有壓力、人情面子等，所以我公開說了不向本會會員化緣。到昨日只有陳昌枬的贊助我接受了，因爲他的堅持。今天又有信義、俊歌師兄知道此事，也表示要各贊助壹仟元，信義師兄還把楊哥（楊長基）也「拉下海」，請他也贊助壹仟元，上午楊哥打電話來說同意，真是感謝他們！楊哥的母親還在住院，祝福她早日康復。

△八月十二日（星期二）交待一些事

上班日，除秘書長劉鵬佛在大陸，秀錦不知去何處！其他都到了辦公室。最近爲「評古說今」和「慶生會」事，因人事的不夠協調，讓志恒辛苦的「補破網」。

下週的會議我因事要回台中，不能親自主持，利用今天大家在，交待幾件事：（一）已親自打電話給副理事長何教授，請他代爲主持會議，各位一切照常。（二）這次慶生會也是同仁和社團的同樂會，照原計劃進行。（三）來表演的團體有陳美枝小提琴隊、吳信義國標舞團和志恒排舞社，二十號開會商訂表演順序。（四）二十號開會大家順便討論業務改進事宜。（五）廿一日合唱團大家自行練唱，請淑美老師辛苦，九月十八日慶祝教師節，再請淑美喝咖啡。

△八月十三日（星期三）

徵詢副理事長的意見，開始針對本屆十五位理事、五位監事，詢問下屆續任意願。據知，已有因健康因素要讓位者，要提名新進者補理監事位，在今年十二月二日會員大會重新投票選舉。我親自每人打電話或當面問，約一個多星期會有結果。讓本會下屆理監事年輕化，我在數月前已在佈局，邱淑美、陳志恒、許秀錦、楊長基，都應讓他們進入理監事，工作才會方便。

爲下屆理監事、理事長找人才，基本上我思考當事人的「行政能力」，尤其人際關係的動力，吾以爲楊哥長基在我之上幾倍。但首先要使楊哥入理監事名單，才有機會當理事長。

△八月十九日（星期二）

因爲二阿姨往生極樂，她是媽媽的親姊姊，我一定要參加（台中龍井很鄉下），所以明後兩天正好有會要開，利用上午辦公室給副理事長交待一下。佛公也來辦公室，擔心我沒主持會議事情不好辦，我告訴他按制度走，就都沒問題。

上午也碰到白雪和昌枏兄，得知職工會理事長華洲兄已正式任職，洪泰雄一人主導的造反，慘敗！這一場「正義之戰」的戰場指揮官是陳昌枏兄，加上白雪的配合，使得「臺大職工聯誼會」這塊牌子，還能保持「乾淨」。公平、合理、正義得以彰顯，昌枏的勇於出面、打抱不平，甚感佩服。春秋史官秉筆直書。

白雪這個人我並不熟識，但看她像「俠女」般很有正義感，在職工會「造反」事件過程中，她始終站有正義之一方，敬佩！

△八月二十日（星期二）

今天上午本會召開「評古說今和業務討論會」，也要討論二十六號慶生同樂會的工作分配。但我因家族要務人在台中，一切就由副理事長處理了！

下午還是打個電話給陳志恒，了解上午開會情形。但主要和志恒核對幾位新提名理監事的「會員」身份，尤其江翠瑛要接會計組長，按我這一年多經驗觀察，當會裡的組長有理監事身份較方便。江翠瑛因接會計，又只能當理事，不能當監事。爲此，我請志恒這兩天盡快讓她入會，成爲正式會員。

△八月二十一日（星期四）

下午五點回到台北，先到文史哲拿印好一本的《臺大退聯會訊》合集，進行最後校對。秀錦說要公開召標，但九個月找不到一個人可以負責本案，只好我自己來，現在已經完成，到了尾聲，她才說要公開召標，來不及了，本書也不合公開召標條件。

△八月二十二日（星期五）無名氏贊助會訊五千元

上午我早些到辦公室，秀錦正在辦二十六號慶生會的申請經費，她說以「臺大退休人員回娘家」名義申請，比較容易獲得補助。秀錦真是本會的「找錢達人」，有她真好！所以一定要讓她進入理事名單。

上午我也專程跑到新店住在深山別墅裡的「無名氏」，爲《會訊》出版向他化緣，得五千元。他也是本會會員，我來臺大認識的第一個朋友，他表示贊助五千元，唯一條件是保密，絕不能公開，故以「無名氏」捐款，感謝這位老朋友。

△八月二十三日（星期六）假日找雅慧幫忙

〈向理監事會報告第十屆理監事提名情形〉一文，因要針對現有十五位理事、五位監事，逐一詢問再提名意願，事前有多位表示不續任者，必須找新人提名，花了不少時間，來不及給雅慧打字。今天才寫完，趕著九月二日理監事會提報，三四千字要花好幾天打字，只好在今天例假日找雅慧幫忙，謝謝她！

△八月二十四日（星期日）《會訊》化緣還欠四萬多

數月來，爲《退聯會會訊》合集出版經費，到處化緣，希望能在今年十二月二日年度會員大會，贈所有與會會員一本，另外控存一百本，未參加大會的也可以領一本。只是印刷費目前尚欠四萬多，今天透過妹妹向有錢的親戚化緣（我說有錢的親戚，是身價十億以上）。希望能有個三、四萬捐款，妹妹告訴我「可能很難」！

雅慧打電話說：「理事長，那篇報告我能不能不要打？」聽了我感慨也感動！那篇報告等於我聲明不連任理事長，我只好婉言說：我會向理監事清楚的報告。我心裡明白，辦公室所有人都希望我再連任理事長，能得到這麼多肯定，也真是出乎意外！

△八月二十六日（星期二）慶生會，不小心又搞大了！

籌備兩個月的慶生會（退休人員回娘家），今天上午終於熱鬧的在「臺大巨蛋」文康室舉行，這是本會創會十多年來，規模較大的慶生會活動。以往平均約二十多人，這次總人數按秀錦叫餐統計，有八十五人以上。

我很早就要美枝姊姊當節目主持人，她有經驗，這次的三個表演團體她也安排好了。首先是理事長致詞，我輕鬆做了開場白便交給美枝姊。三個表演團體逐一上場，「吳信義國標舞團」、「臺大排舞社」、「陳美枝小提琴隊」，最大的意義是鼓舞銀髮族出來參加活動。

上午九點半開始，三個表演團體之後是退聯會合唱團，我們唱三首歌：〈走天涯〉、〈兩隻蝴蝶〉、〈最浪漫的事〉。十點四十後，開放自由點歌、唱歌、跳舞；十一點半後，是午餐、唱歌、跳舞的自由時間，直到快一點才曲終人散。

看看志恒給我的名單，除工作人員、表演團體和平常較常見的會員外。還有一些生疏的名字，林參、蕭添壽、王忠、楊維禎、徐玉標、郭寶章、曾廖日妹、蔡燕、劉輝清、沈世傑、趙姬玉、黃淑琴、林進歲…很多我雖不認識，但看這些退休的人回校高興的樣子，我感覺很好，那許多的笑，如佛在靈山拈花。

「帶給人快樂才是最快樂！」這是一種很奇妙的感覺，我在前半生的「野戰部隊」戰場上，這種感覺未曾有過，那時打敗一個對手才叫快樂。來到臺大使我成長、頓悟，臺大是我「明心見性」的道場。

這次活動又不小心搞大了！其實我們都仍在「試辦」，試試看那一種方法較佳！我聽到組長私下討論，以「千歲宴」和這次模式，每年兩次大型慶生會就可以了。我想經過這兩次的「實驗」，慶生會舉辦方式大概可以找到定位了。

△九月二日理監事會：宣佈不連任理事長、反應、結果

針對本屆（第九）理監事共二十人，是否接受再提名下屆競選理監事！或不再提名者要安排新人，我做了一個多月的個別諮詢；最重要的是我這個理事長，因未來兩年的生涯規劃，經數月思考，我決定不連任理事長，理監事也不提名，我完全放空。也考慮有志出馬當理事長的人，儘早準備佈局。因此，我慎重完成〈向理監事會報告第十屆理監事提名及說明〉一文，含我的不連任聲明。（見後篇專文）

例行各組工作報告後，我才分發我這篇專文，並逐字讀完，我原以爲可以順利過關，卸下理事長一職。沒想到出乎我意料，一片譁然，表示「全體都支持你連任，你怎落跑了！你不提名連任，大家也不幹了！」我事前知道大家對我一年多很滿意，大家相處就像一群可愛的伙伴！（其實，我不連任，尚有不能說的理由。）

場面有點尷尬，我不知道要如何堅持我這份〈不連任聲明〉，這群朋友的情義很濃、很重。當下，我只好接受大家的支持，再提名下屆理事，再當一任理事長。若年底順利當選，未來兩年我構想有些事要啟動了！

△九月四日（星期四）合唱團練唱、討論慶祝教師節

我一直在鼓勵本會成立「次級團體」，部份會員有此期待，但絕大多數人熱情不足。於是，到目前爲止，只成立了合唱團，我構想凡是有會員願意主動召集，成立次級團體，辦活辦時本會給予部份補助，最近我利用機會多次宣講此一構想。今天練唱完畢，討論九月十八日提前慶祝教師節，我也向大家說，慶祝的目的要使合唱團可長可久，成爲會裡的例行工作。討論結果，大家決定按副理事長的構想，到外面一個可以邊吃邊唱歌的地方好好慶祝。

△九月九日（星期二）

今年兩個大型活動都辦完了，辦公室較清閒，大家聊聊業務。鵬佛忙著未來三個月的一些事，會員大會程序、評古說今如何辦等。

關姊忙著十七號清水一日遊事。

秀錦忙著爲《會訊》補助款申請。

志恒提議各組長來辦公室輪值，並建立輪值登記簿，有電話登記下來，事情才不會斷掉。這是很好的構想，若能做當然最好！

雅慧覺得大家都是志工，保持自由，有事的自己來。

我說：此事我再和各組長討論，看如何做較佳！

△九月十日（星期三）：《會訊》化緣成果

《會訊》總共印二百八十本，總經費十六萬多，學校長官和外界朋友都成了我「化緣」的對象，但不主動向本會會員化緣。經數月努力，有一點成果，我把贊助芳名印在《會訊》首頁，這是「行規」。

感謝贊助、補助本書出版
經費徵信芳名錄

國際崇她社台北一社社長鄭雅文小姐	貳萬元整
文史哲出版社發行人彭正雄先生	陸仟元整
國立臺灣大學總務處（總務長王根樹教授）	伍萬元整
國立臺灣大學文康活動委員會（主任委員江簡富教授）	參萬元整
國立臺灣大學退休人員聯誼會會員陳昌栩先生	貳仟元整
國立臺灣大學退休人員聯誼會會員吳信義先生	壹仟元整
國立臺灣大學退休人員聯誼會會員楊長基先生	壹仟元整
國立臺灣大學退休人員聯誼會理事吳元俊（俊歌）先生	壹仟元整
國立臺灣大學退休人員聯誼會會員陳美枝小姐	壹仟元整
國立臺灣大學退休人員聯誼會會員無名氏先生	伍仟元整
國立臺灣大學退休人員聯誼會第九屆理事長陳福成	陸仟元整
國立臺灣大學退休人員聯誼會會員高閩生先生	壹仟元整
台中市市民張冬隆先生	貳仟元整
台中市創世基金會志工陳鳳嬌小姐	貳仟元整
台中市宏道基金會志工陳秀梅小姐	貳仟元整

臺灣大學退休人員聯誼會
第　九　屆　理　事　長　陳福成　率全體會員致謝

△九月十六日（星期二）參加校長主持的退休人員茶會

上午例行退聯會的上班日，志恒、鍾老、明珠、秀錦、佛兄、雅慧都到辦公室，各忙自己的業務。很久沒現身的昌栮兄也來了，他說到新竹帶孫。於是，辦公室聊起一陣「小孩都不婚」的八卦，志恒最放得開，她告訴孩子：「你們不一定要生小孩。」我說，我告訴孩子：「你們不一定要結婚。」

下午兩點，我和志恒按往例參加校長楊泮池所主持的退休人員茶會。每次在校長和退休代表致詞後，司儀報「請退休人員聯誼會理事長報告」，已說的很熟的台詞：「謝謝校長、謝謝大家！給我這個機會來這裡招兵買馬。」大家聽到「招兵買馬」，立即生起一陣好奇心，想要知道我是誰？來校長的茶會上招什麼兵！買什麼馬？

我持續說下去：「小弟是本校退休人員聯誼會理事長陳福成，退聯會是本校教職員工文康活動委員會下轄三十五個社團之一，且唯一由退休人員組成的團體，專 爲本校退休人員辦理各項聯誼活動……」

我的報告通常簡略約四分鐘結束，每回參加這項茶會，志恒會帶著入會表格，現場分發給將要退休的人，成效甚佳。這項業務自從志恒接手，由她所招進的新會員，不到兩年有近百人，這得歸功於她的用心投入，才有這麼好的成果。

△九月十七日（星期三）：參訪天帝教天極行宮

詳見本書第三篇，〈關於安排參觀天帝教天極行宮始末〉一文，今天還到清水「高美溼地」參觀，深感價值觀的改變極快。三十年前「高美荒地」有如「廢物」，大家頭痛乃至不想要的，今日成了「寶地」，一波波觀光客到達，人潮就是錢潮，爲地方創造無限財富。

△九月十八日（星期四）合唱團「星聚點」慶祝教師節

「臺大退聯會合唱團」雖不是很正式、很有規模，平時練習不過十多人，全到大約是二十人，但始終有不錯的表現，大家也熱情參與。志恒的用心連繫、通報訊息，是維持這個小團體運作的主因，包括這次慶祝教師節也是由志恒一個個連繫、通知。

退聯會能有一個「次級團體」誕生，似乎不容易。因此，我也早早注意勿使合唱團「熄火」了，要使其保持一些「溫熱」，才能玩的長久，爲合唱團老師邱淑美慶祝一下，也是「點火」途徑之一。是故，一個月前我提出慶祝教師節的想法，副理事長何教授提到西門「星聚點」是好地方，大家同意。

上午照例在辦公室練新歌〈給你們〉，十一點多大家一起乘捷運到西門「星聚點」

（成都路81號）。十二點多大家先吃午餐（也可以拿到包廂用餐），十多人high翻天唱到四午四點十分，又去吃個「晚餐」，每人才三百多元，大家都說值得，下回還再來。

今天參加慶祝歡唱餐會有：方教授、何主秘、淑美、秀錦、俊歌、陳美枝、關姊、張燕花、許雪娥、鵬佛。還有我，理事長到表示參與的熱誠。

△九月二十二日（星期一）

文康活動推行委員會主委江簡富教授通知，二十五日（本週四）午十二時，在教職員工文康活動中心（巨蛋），開預算和校慶晚會籌備會。我因空大有事，電請副理事長何教授代表參加。

副理事長電話中告知，會員大會邀請臺大醫院家醫科主任陳慶餘演講一事，已經確定。真是謝謝副座，他當過臺大醫院副院長，之後又調校長主秘，人頭很熱，人面也廣。他爲人親切，能和大家打成一片，上週四和大家到「星聚點」歡唱，他中英和西班牙歌曲都能唱得不錯，尤其英文老歌和我都能共鳴，因爲我和他是「同時代的人」！

追蹤秀錦，問《會訊》學校補助的八萬元是否結清？她說退件兩次，不過從呈文日期算，已沒問題，我還是叮嚀她，要追蹤本案，直到全部結案！

△九月二十三日（星期二）

原先構思今年校慶晚會，大家唱幾首英文老歌，來一點不一樣的感覺，上週四在「星聚點」歡唱，我點幾首給大家試唱：Kiss me goodbye . Scarboroguh fair. Kumbaya. Yellow river. Beautiful Sunday.

當時在現場唱覺得好像可以，但今天志恒告訴我不行，能配合唱英文歌的只有副理事長。還是志恒了解大家，她也關心此事，討論結果就以合唱團學的歌選三首，用在校慶晚會表演即好。

秀錦今天在辦公室也以《會訊》出版爲例，和我討論《採購法》中的一些規定，才知道她原來是「採購專家」、管理學碩士。我認識她約有十年，我從夜間部退休後，她去接夜間部學務組長（接秦亞平），見面頂多聊八卦，從不知她肚裡這麼多學問。

△九月二十五日（星期四）副理事長代參加校慶準備會議

每年十一月是臺大的「校慶月」，整月有許多慶祝活動，我們雖是退休團體，也都配合學校辦理活動。今天是「文康活動委員會」（下有三十五個分會，退聯會是其中之一）會議，主要是校慶晚會準備工作、年度預算分配等。我因另有公務，請副理事長何憲武教授代表參加。

△九月三十日（星期二）準備《會訊》第65期

今天鵬佛、關姊、雅慧、志恒、明珠姊、秀錦都到了，大家準備《會訊》第65期的準備工作。秀錦的女兒嫁了，請大家吃喜餅。雅慧剛從日本回來，也帶了特產請大家吃，今天辦公室散發了一片喜氣，好像每個人也在辦某種喜事一樣。

十月二日（星期四）準備校慶晚會合唱歌曲

記得合唱團成立沒多久，淑美已教了〈給你們〉、〈三寸天堂〉、〈煙花三月〉、〈唱一遍一遍〉、〈最浪漫的事〉、〈濤聲依舊〉、〈走天涯〉、〈兩只蝴蝶〉、〈甲你攬牢牢〉、〈風吹的願望〉、〈你是我的花朵〉，也算成績很好了。

今天上午是例行練習日，要選出三首合唱，在校慶文康晚會上演出。討論結果，準備國台語三首：〈最浪漫的事〉、〈風吹的願望〉、〈古月照今塵〉。

△十月三日（星期五）和副理事長討論演講事

約信義、俊哥、楊哥、台客，上午到退聯會辦公室討論明年前往山西芮城事。副理事長也來談會員大會演講事，建議擴大給非會員參加，但我上週在辦公室提議此事，各組長都不同意，只好籌備會正反雙方再討論，若無共識，便不開放非會員參加。我認爲內部和諧比績效重要，凡無全體共識的事，不爲也！

△十月七日（星期二）

例行上午到辦公室，校對《會訊》第六十五期，預計下週可以寄出。關姊忙著她的「畢業考」（宜蘭一日遊），秀錦正在辦職工會本月廿五日的一日遊活動，志恒忙著連繫校慶晚會唱歌的事，佛公來一下去忙新同盟會事。

△十月到十一月四日：年度會員大會籌備會

今年十二月二日（星期二）上午，是重要的年度會員大會，也是第九屆理監事兩年到期要重選，更是我擔任理事長滿兩年也要重選。雖然理監事會強烈要求我連任，我只好撤回已發出的〈不連任聲明書〉。如今連任第十屆理事長，但程序仍要走完。

要順利把大會開好，有很多細節，幸運的是大家都是老鳥，不同的意見在今天的籌備會都充份溝通，得到共識，大家工作也愉快，有信心，我也放心。

△十一月六日（星期四）

今年的文康會校慶晚會是十一月十七日晚上，我們退聯會以〈最浪漫的事〉、〈古月照今塵〉兩首歌，在晚會上獻唱。今天上午九到十二時，在〈臺大巨蛋〉文康室練習，也是一場同樂聚會。

△十一月九日（星期日）五個教官歡送關姊

關姊要「畢業」了。今午五個教官在鹿鳴堂歡送她，信義、俊哥、楊哥、美枝姊和我，另麗華和大家也熟，信義師兄邀她一道來熱鬧。

△十一月十一日（星期二）致送會員大會長官邀請函

提前將十二月二日會員大會各級長官邀請函（卡）送出，包括校長、三個副校長、主秘、總務長、文康會主委等，鵬佛陪我親自送到各長官辦公室。

△十一月十五日（星期日）校門口值班

參加臺大志工十多年了，每年此時有很多校慶活動，來賓或年青學子會從大門進入，志工都在校門口值班。今天下午我輪值，看人來人往，看年青的朝氣，看初生的生命，自己也覺年輕起來。

△十一月十六日（星期日）參加中國人反獨大會

上午參加中國人反獨動員大會，在國軍英雄館約有百餘人，信義、俊歌、陳國華教授和我等臺大人都到了。氣氛高昂，發表了一篇文情理並茂的「反獨宣言」。（如書末附件）

△十一月十七日（星期一）校慶文康晚會

今晚在臺大巨蛋舉行校慶文康晚會，由文康會主委江簡富教授主持，各社團都有精彩表演。本會是臺大教職員工文康會三十五個社團之一，連續多年拿到優等社團獎，今年也是。

今晚本會合唱團獻唱的兩首歌，〈最浪漫的事〉、〈古月照今塵〉，參加的會員有：

信義、俊歌、陶姊、副座、美枝姊、雅慧、鍾老、佛兄、明珠姊、關姊、秀錦等十多人，另丁教授等會員也參加晚會。

△十一月十八到廿一日

各組分頭準備會員大會事宜，《會訊》合集一百本先送到辦公室。校長、副校長、總務長、贊助人等本週先贈一本，餘一百五十本於十二月一日送到。

△十一月廿五日（星期二）

各組長在辦公室爲方教授九十大壽、鍾老九十三高壽慶生，大家合資送兩位老人家一份好禮。

△十一月廿六日（星期三）

下午到晚上，參加由軍訓室主辦、職工會承辦、教聯會和我退聯會協辦的「一〇三年反毒第一次籌備會」，晚上會餐。職工會理事長楊華洲先生、教職會理事長游若篍教授和重要幹部都到了。

△十一月廿九日（星期六）

台灣地區「九合一」大選，國民黨慘敗。事前，我原已不想投票，因爲（一）統獨兩黨目前差異不大；（二）台灣前途的發展方向已非任何台灣人可以改變；（三）投票已是白做工；（四）誰當台北市長對我等小老百姓並無影響；（五）國民黨須要有反省機會；（五）讓其他陣營有和中共接觸的機會。

臨時，妻說要投國民黨，我也就投了連勝文。

△十二月一日（星期一）全體動員準備明天會員大會

明天是辦公室所有組長半年前就開始構思、計畫，要召開第九屆第二次的會員大會，同時選出第十屆理監事，千頭萬緒。幸好各組長都分工進行，團結合作，我這理事長顯得輕鬆多了，今天大家只是做最後檢查，還是忙了一天。

△十二月二日（星期二）會員大會

一切都就緒，逐一照議程進行。今年參加會員約同去年，一百三十多人。主秘林達德教授代表校長來致詞，會中也請本校家醫科權威陳慶餘醫生演講，題目：老化模式和衰弱歷程。

我所提名下屆理監事，十五位理事、五位監事，在這次投票，全數上榜通過。

理事名單：何憲武、丁一倪、陶錫珍、劉鵬佛、鍾鼎文、陳志恒、許秀錦、陳美枝、杜雅慧、黃存仁、王本源、吳元俊、鄭大平、林意婷和我自己。

監事名單：方祖達、楊建澤、高閩生、邱淑美、梁乃匡。

第　三　篇
專　文

2014 年會員大會熱鬧一景。

2014 年會員大會熱鬧一景。

第一章 臺大退聯會工作、業務精進調整概說

自從本人接任理事長職務，承蒙各理監事、各組長支持，一年多來我們各項工作、活動等相關事務都能照常推動。我要特別感謝這群志工組長，由於你們的熱情、負責，理事長才更有信心帶領這個團隊向前走。

但世事總難做到一百分，更不容易做到讓人人都滿意。幸好！我們是一群知所長進的人，只有理事長比較安於現狀。在幾次的理監事會、每週辦公室上班的各組長，大家都會熱烈討論，旅遊要如何！關懷要如何！慶生會要如何！評古說今要如何⋯等，我尚未想到的，大家已先在研究、討論，理事長只好跟上大家的腳步。

長期以來，大家都覺得慶生會、評古說今效果不佳，旅遊活動很多會員不知道。有建議取消，但應是改善、精進才對，而不是取消。

綜合長期以來大家所覺效果不彰者，須要改進者，我把全年重要固定工作製成定期

管制表（如後）。旅遊、老人關懷、福利不列入定期工作，而由活動、文康、關懷、福利組長概訂，並在理監事會報告和公佈在會訊。

評古說今改三月一次，正式申請會議室，參加者儘可能是會員，也只能試辦，看那一種效果好。以下針對慶生會和評古說今二個節目，提出改進辦法。

「評古說今」和「慶生會」改善辦法

「評古說今」和「慶生會」是本會行之多年的節目，但從多年前，我尚未接理事長，就常聽到承辦人自己嘆氣！效果不彰啦！很少人來，工作人員比壽星多，參加意願不高等；評古說今亦是，說者準備充份，但下面沒人聽，因爲大家有公要辦，或聽者只有一、二人，都是對講員很失禮。

我上任理事長也一年多了，仍未見改善，說來也是我的責任，有人建議取消好了。我以爲不妥，工作出現問題是要改善，而不是取消不做了。例如，吾人手痛，要治好改善，而不是把手「取消」不要了！

要改善就要知道問題所在，否則如何改善？這兩個節目屬性一樣，宗旨相同，就是「如何把退休長者弄出來」？讓他（她）們高興（期待），可以出來聯誼，會會許久未見的老友，聊聊八卦，我認爲以往成效不佳，問題在以下幾方面（慶生會爲主）：

第一、訊息傳達不足，很多人說不知道，就算臨時打電話也可能找不到人，雖有網路，但不可否認的，退休的長老們有幾人再（在）用電腦？

第二、參加意願不高，這和訊息、節目安排、誘因等有關，好像大家以爲只不過來拿兩個壽桃而已，至少也該吃一頓飯！

第三、工作分工不佳，因而使承辦者（主要是明珠姊和關姊）「過勞」，這是不妥，尤其要我們親自跑老遠去拿幾個壽桃，確實不合「科學原則」。

評古說今和慶生會要如何改善？而不是取消。退聯會除了旅遊活動，比較靜態的只此二項，若取消了，辦公室同仁也會大大失去存在意義。以下我區分二者提出不同改善辦法，和本會同仁研議、精進。

慶生會舉辦方式改進辦法

第一、經討論改成每年兩次，每次都刻意把時間放在理監事會後，及在當期《會訊》寄出後，日期在理監事會和《會訊》公告，這是第一時間訊息傳達。另外，再加上網路和事前電話，就一定可以掌握參加人數。

第二、舉辦時間放在上午十點到午餐結束，十點報到後，可邀社團表演（不超過二十分鐘）、唱歌、閒聊，十一點四十分午餐。（現在最方便都可外燴，一通電話就好，不要我們工作人員去搬、拿、買，何苦呢？能用錢解決的問題最佳，所花不多！又有誘因。），不拖太久時間。

第三、慶生會舉辦時間（見工作管制表），第一次四月辦（四、五、六、七、八、九月壽星）、第二次十月辦（十、十一、十二、一、二月壽星）。

第四、各組組長仍要分工合作，例如文康組協調社團表演等，秘書組注意會訊公告等，其他負責現場佈置、服務等。每次慶生會我們應該在事前的幾次星期二上班日，在辦公室召開一個正式的會議，至少要弄得像一回事。

評古說今改「評古說今座談會」

第一、依據可靠的研究資料顯示，五十歲以上的人靜聽人家演講的耐性只有半小時，六十歲約二十分鐘，七十歲約十分鐘，愈老愈減少耐性。改成座談會（可安排主談人），較合年長者之「人性」，現代社會人愈老愈寂寞，男性尤其嚴重，座談正好讓大家說、大家聊！

第二、正式申請會議室，像一回事。

第三、從目前的每月一次，改每年四次，時間都在理監事會和會訊寄出後，這是爲訊息傳達方便，在理監事會公佈時間，《會訊》刊出時間、地點、方式等，讓最多的會員知道。另外加上網路、電話，還是可以有效果。

第四、時間仍以上午九點（或半）到中午爲宜，結束時提供一個便當。

第五、卽是「座談會」，要有主題，「自訂主題」也是主題。若當日有主講三十分鐘（不超過），也算一種演講。

以上我把慶生會和評古說今的改善辦法，略說個人意見，大家可以討論、試辦，遲早摸索出較佳方式，合乎組織章程所訂的理想。

台灣大學退休人員聯誼會全年定期工作管制表（暫訂）

一月

△各組整理理監事會資料。

三月

△理監事會（通告下月慶生會時間）、旅遊。

△發出第六十三期會訊（最晚慶生會前一週寄出）

公告：慶生會、評古說今、旅遊時間、地點、報名、承辦等。

四月

△辦慶生會（四、五、六、七、八、九月壽星）。

△評古說今座談會。

五月

△整理理監事會議用資料。

△準備呈文康委員會積優分會資料。

六月

△理監事會（公告評古說今、旅遊時間、地點）

△發出第六十四期會訊（慶生會前兩週寄出）。

△呈報積優分會資料。

七月

△評古說今座談會。

八月

△整理理監事會議資料。

九月

△理監事會（通告下次慶生會評古說今時間、旅遊）。

△發出第六十五期會訊。（公告：慶生會、評古說今、會員大會時間）

十月

△評古說今座談會（第一週）。

△慶生會（十、十一、十二、元、二、三月壽星）（第二週）。

△準備理監事會及會員大會、理監改選事宜。

十一月

△第一週內開理監事會（會員大會籌備會）通告下月慶生會時間。

△發出六十六期會訊（會員大會前一週內發山）。

十二月

△月初（第一週內）：會員大會。

△評古說今座談會。

旅遊

△一天、兩天、國外旅遊、老人關懷、福利不納入定期工作，由各負責組長在理監事會報告，並在會訊發佈，其他各組工作也非定期，由各組長自行處理。

△未來三—四個月的旅遊盡早訂出時間、地點，在《會訊》公告。

備註

△若有和教聯、職工會合辦的活動，也盡早在會訊公告。

△配合學校政策舉辦的活動，臨時決定之。

第二章　不小心搞大了

——舉辦臺大「千歲宴」經過實記

韓國有一部電影，片名「不小心搞大了」，超好笑爆笑，娛樂效果十足。回顧我們這個千歲宴辦得這麼熱鬧漂亮，就像這部電影片名，不小心搞大了！

回顧去年（民102）冬，退聯會辦公室會員組組長陳志恒小姐買蛋糕給方祖達教授慶生，閒聊之際，說明年要給方教授慶祝九十大壽。辦公室同仁當然也準備要熱鬧一下，但數日後我卻另有一個想法。

目前退聯會所舉辦各項活動，以「青年老人」居多。（註：六十五至七十五歲叫青年老人、七十五到八十五歲叫中年老人、八十五歲以上叫高齡老人），八十歲以上長者較少回學校參加活動，行動不便或要人陪伴更極少回學校參加活動。我心頭閃出這些問題，思索著卽爲長者會員慶生，若能也爲這些少回學校的長者慶生，讓大家再一次到校園走走，臺大校園有很多美景，都是他們人生最美的回憶，如此這般豈不更佳！

只是一個單純的想法，因爲從未辦過類似活動，凡事起頭難，但此事從頭到尾也未碰到什麼難處，有如行雲流水，辦公室同仁竟不約而同的開始幹活了！

因緣際會中，去年教授聯誼會主辦兩性聯誼（未婚活動），職工聯誼會和我們退聯會協辦，事後我感覺三個會合作辦事，不僅效果很好，而且培養出極佳的團隊精神，幾可「上山打虎、渡江北伐」！

我乃向教聯會理事長游若篍教授（食科所所長）和職工會秘書長楊華洲兄（教務處）商議，由三會合辦「千歲宴」（乃是退聯會主辦），經三會夥伴在食科所討論決議，獲教聯、職工兩會夥伴大力支持。於是，千歲宴在三會共同努力下，熱熱鬧鬧的開幹了，三會夥伴也尊游教授爲「千歲宴工程」的最高精神領導。

三會（教、職、退）夥伴經幾次討論，我們有了初步構想，尤其幾歲爲基準，那些對象?如何辦都在食科所會議室充份交換意見。春節前有了明確構想,也是共同的決議:

第一、八十歲以上（算到一〇三年十二月三十一日，以身份證登記實齡爲準），報名截止日是四月廿二日。

第二、參加對象必須是本校退聯、職工和教授三個聯誼會的會員，但非以上三會會員，而八十歲以上，人數不多，在四月的會議也通過可以參加。

第三、千歲宴時間訂在五月廿二日（星期四），上午九點開始報到，十點開始，下午兩點結束。因長者大多高齡，時間不宜拖太久。

第四、地點就在本校「臺大巨蛋」一樓文康室，過程中邀請本校國標舞社、肚皮舞社現場表演；也邀請醫務室來爲長者服務，如量量血壓、諮詢等。

第五、邀請各級長官蒞臨，包括現任校長楊泮池教授、主秘林達德教授、文康會主委江簡富教授；以及前任校長虞兆中教授、孫震教授、陳維昭教授、李嗣涔教授。

這個活動專爲長者（八十歲以上）舉辦，因此我們很注意中餐，多刺的魚不要，肉要煮爛等。這麼重要的活動，大家慢慢形成工作分組，按秀錦整理出來大致如下：

臺大退休教職員工千歲宴聯誼活動

工作分配表

職務	姓名	工作內容
主席	游若篍 陳福成	
總召集人	楊華洲	總籌劃、場地提供
籌畫組	楊華洲 陳梅燕 許秀錦	活動行程、節目安排
活動組	蘇瑞陽 陳梅香	主持人，主持現場活動 陳梅香擔任司儀
招待組	何憲武 陶錫珍 曾萬年 官俊榮 王佩華	現場接待
採購組	許秀錦 陳明珠	準備食材、茶水餐具、海報看版
護理組	劉清全 侯月華	量血壓、老人臨時狀況
總務組	吳定遠 陳梅燕 葉文輝 吳元俊	照相、物品擺設、會場佈置
新聞組	劉鵬佛 陳昌枏	聯絡秘書室新聞發佈
報名組	陳明珠 杜雅慧 陳志恒 關麗蘇	貴賓邀請卡、報名表、收取報名費、現場退費

八十歲以上的人，大概已較少出門，所以也少回學校。我想，臺大校園是他們行走數十年的道場，校內許多景點是他們的回憶，尤其最珍貴的老朋友，他們一定很久沒見面聊天了。如何把他們找出來?要一翻工夫，會員組組長陳志恒小姐按名冊，逐一查尋年齡，一個個打電話，到截止日（四月廿二日），確定參加含陪伴者是四十五人。名單如下：

1030522千歲宴參加會員名單 103.5.12製表

序號	會員編號	原單位	身分	職稱	姓名	性別	會員種類	生年	生月	年齡	攜伴	備註
01	**127**	理學院動物系	教	教授	李學勇	1	一	12	03	90up		
02	**103**	圖書館	職	組員	柯環月	2	永	12	12	90up		
03	**029**	軍訓室	教	教官	鍾鼎文	1	永	13	01	90up	林桂英	
04	**378**	園藝系	教	教授	洪 立	1	一	13	03	90up		
05	**176**	農學院園藝系	教	教授	方祖達	1	永	14	02	85up	方杜真丸	
06	**175**	農學院生工系	教	教授	徐玉標	1	一	14	04	85up	張桂華	
07	**321**	附設醫院	職	技士	劉人宏	1	永	15	03	85up	劉雅谷	
08	**154**	醫學院	職	組員	洪林寶祝	2	永	15	03	85up		
09	**188**	農學院園藝系	教	教授	康有德	1	永	15	06	85up		
10	**246**	理學院化學系	職	技士	林添丁	1	永	15	09	85up		
11	**085**	總務處	工		翁仙啓	1	一	15	11	85up		
12	**158**	醫學院	職	組員	連興潮	1	永	15	11	85up	連敏傑	
13	**033**	軍訓室	教	教官	鄭義峰	1	一	15	11	85up		
14	**044**	總務處保管組	職	股長	林 參	1	永	16	09	85up		
15	**143**	法學院	工		王 忠	1	永	16	09	85up	張鳳嬌	
16	**202**	農業陳列館	職	主任	劉天賜	1	永	16	12	85up		
17	**240**	理學院海洋所	職	技正	鄭展堂	1	一	17	04	85up	楊南萍	
18	**184**	農學院	職	技正	路統信	1	永	17	10	85up		
19	**231**	圖書館	職	組員	紀張素瑩	2	一	18	01	85up		
20	**121**	文學院人類系	職	組員	周崇德	1	永	18	03	85up		
21	**009**	教務處課務組	職	主任	郭輔義	1	一	18	12	85up	蕭靜芳	
22	**239**	附設醫院	職	組員	宋麗音	2	一	19	03	80up		
23	**109**	圖書館閱覽組	職	股長	王鴻龍	1	一	20	03	80up		
24	**373**	農學院農經系	教	教授	許文富	1	永	20	05	80up		
25	**192**	附設醫院	職	護士	曾廖日妹	2	一	20	07	80up		
26	**294**	附設醫院	職	組員	葉秀琴	2	永	21	05	80up		
27	**166**	工學院電機系	教	教授	楊維禎	1	永	21	05	80up		
28	**594**	軍訓室	教	教官	茹道泰	1	永	21	06	80up	1	
29	**499**	農學院森林系	教	教授	汪 淮	1	永	22	03	80up		
30	**018**	軍訓室	教	總教	宣家驊	1	永	22	04	80up		
31	**339**	農學院農化系	教	教授	楊建澤	1	永	22	05	80up	1	
32	**301**	附設醫院	職	技佐	王瓊瑛	2	永	23	01	80up	王寶釵	
33	**144**	法學院	工		王本源	1	一	23	08	80up		
34	**082**	總務處	工		蕭添壽	1	一	23	11	80up		

準備過程中，三會的工作人員分頭幹活，中間經過四次會議協調，大家都利用食科所會議室吃個便當午餐，商討一些細節，每次食科所所長游若篍教授（教聯會理事長），都親臨主持會議，指導大致方針，使這個活動更出色，大家更有信心。

約千歲宴直前二十天，我寫好長官邀請卡，親自到校長辦公室找秘書蔡素女小姐，報告活動情形，各前校長都經由她的聯繫，確定能否蒞臨！數日，她便告知校長楊泮池教授要親臨會場。

五月廿日星期二上班日，九點多辦公室已熱鬧起來，明珠姊、雅慧、志恒、秀錦，做名牌、再確定名單、討論菜、核對款項、臨時狀況處理（有長者臨時生病等）……千歲宴，是這一年多我接理事長以來，最來電，大夥幹得最有勁的工程，深值誌之。

今天中午也是最後一次會議，宴前會，中午十二點三個會原班人馬在食科所吃便當。領導游教授致詞後，我開始和所有工作夥伴確認。

㈠確認參加總人數（工作人員和會員、陪伴）。

㈡午餐處理方式，社團表演和其他分開。

㈢現場工作分配、照相、臨時狀況處理等，工作人員提前到。

㈣梅香擔任司儀，感謝她每次漂亮上場。

㈤校長楊泮池教授於十點半到達致詞。

㈥社團表演（肚皮舞、國標、有氧、退聯會）排序。

㈦其他雜項。

因教務處秘書楊華洲先生當選本校職工會理事長，我也在今天的會議報告，公開向他道賀，也將找時間邀他餐聚，以示慶祝。

千歲宴當天盛況（五月廿二日）

連日下了兩天兩夜大雨，昨日我很擔心今天又是雨天，對長者出門很不方便，一定會降低出席率。意外的，今天大早竟然雨停了，老天爺給「千歲宴」的長者好大的面子。我心情爽快的在開宴的致詞第一句話說：「感謝老天爺，老天和我們是一國的⋯⋯」

上午八點四十分，工作人員都到了文康室，開始佈置會場，燈光、音樂、桌椅，行政雜務有很多是計畫不出來的，臨時性的。九時開始報到，已有長者來了，我都站在門口迎接，看得出來，他們很開心，想必很久沒回學校了，看到老友也來了，也還是很興奮！我覺得能給人快樂，是人生中很美好的事！

蘇瑞陽和陳梅香是臺大最佳的文康會節目搭檔，他倆一唱一合超吸睛的。「請臺大退休人員聯誼會陳理事長致詞」，「大家好，韓國有一部電影片名叫不小心搞大了……老天和我們是一國的……其實我不知道怎麼辦！都是我們退聯會、教聯會和職工會有一群陣容堅強的幹部，他們以志工精神的投入……」

我致詞很簡短，喜歡把場子弄得輕鬆些，不要太正經，大家快樂高興最重要。我講完游教授和華洲兄也簡單致詞，接著就有拉丁舞和有氧舞蹈表演，現場一片熱鬧。

大約十點半，校長楊泮池教授到達現場，宴會立即掀起熱烈掌聲，高喊「校長好」，校長也簡單致詞，大致說要如何把校園弄好、弄漂亮，接著和大家合照留念。

接下來是肚皮舞表演，校長也坐下來欣賞，並於表演完後與舞者合影，因另有要公，先行離去。自從去年六月校長上任，我和他這是第三次正式碰面，前兩次是退休茶會。

宴會過程中的空檔，也請各前屆理事長、高齡長者發表感言，包括創會的宣家驊將軍、第三屆理事長方祖達教授、鍾鼎文、李學勇等會員，都起來發表簡短講話。會場一片熱絡，老友相見是人生最快樂的事。

上午節目的「壓箱」是我們退聯會的合唱團，由邱淑美教唱並主唱，方教授指揮，周羅通口琴伴奏，辦公室各組長和「臺大之友」馬鳳芝都是團員。今天的演唱節目有「走天涯」、「最浪漫的事」和「綠島小夜曲」。

午餐是宴會的重點，所以事前大家針對菜色選擇，就完全考量長者的飲食須要。而且節目不要排太多，保留充裕時間讓長者慢慢用餐，邊吃邊和老友聊天也是快樂的事。午餐間的餘興節目是由臺大之友馬鳳芝小姐，獻唱「煙花三月」，由周羅通口琴伴奏，獲得熱烈掌聲！

由於考量長者作息習慣、體力，不要時間太長。他們大概八點多出門，到中午已撐了四小時了，所以午餐到快一點時，我和游教授、華洲分別致謝詞，感謝大家參加盛會，祝福長者身體健康，常到校園散步走走。

任何活動大概都有例外或臨時狀況，如今天，已報名的未到，沒報名的來了或有「第三者」，怎麼辦？凡事大約是保留彈性，兼顧情理法，才能讓賓主各方快樂，今天的宴會主角如下兩張簽到表。

準備半年多的千歲宴，我們終於在三會的努力下，各方快樂的劃下句點，第二天（五月二十三日），大家在「春花微笑」慶功，慶祝我們有能力、也願意帶給別人快樂。（臺灣大學退休人員聯誼會第九屆理事長陳福成　草於二〇一四年五月廿二日晚上。）

103 05 22 千歲宴參加長者簽到表　　(合計49人)

會員編號	原單位	姓名		備註	簽到及簽收	陪伴者	陪伴者簽到
009	教務處課務組	郭輔義	先生	退 300元、贈帽子		蕭靜芳	
018	軍訓室	宣家驊	先生	退 300元	宣家驊		
029	軍訓室	鍾鼎文	先生	退 300元	鍾鼎文	林桂英	林桂英
033	軍訓室	鄭義峰	先生	退 300元	鄭義峰		
044	總務處保管組	林 參	先生	退 300元、贈帽子	林參		
082	總務處	蕭添壽	先生	退 300元	蕭添壽		
085	總務處	翁仙啓	先生	退 300元	翁仙啟		
103	圖書館	柯環月	女士	退 300元、贈帽子	柯環月		
109	圖書館閱覽組	王鴻龍	先生	退 300元	王鴻龍		
121	文學院人類系	周崇德	先生	退 300元、贈帽子	周崇德		
127	理學院動物系	李學勇	先生	退 300元、贈帽子	李學勇		
143	法學院	王 忠	先生	退 300元	王忠	張鳳嬌	張鳳嬌
144	法學院	王本源	先生	退 300元	王本源		
154	醫學院	洪林寶祝	女士	退 300元	洪林寶祝		
158	醫學院	連興潮	先生	退 300元	連興潮	連偉	連偉
166	工學院電機系	楊維禎	先生	退 300元、贈帽子	楊維禎		
175	農學院生工系	徐玉標	先生	退 300元、贈帽子	徐玉標	張桂華	張桂華
176	農學院園藝系	方祖達	先生	退 300元	方祖達	方杜真丸	方杜真丸
184	農學院	路統信	先生	退 300元	路統信		
188	農學院園藝系	康有德	先生	退 300元、贈帽子	康有德		

103 05 22 千歲宴參加長者簽到表　　(合計49人)

會員編號	原單位	姓名		備註	簽到及簽收	陪伴者	陪伴者簽到
192	附設醫院	曾廖日妹	女士	給年費收據、帽子	曾廖日妹		
202	農業陳列館	劉天賜	先生	退 300元	劉天賜		
231	圖書館	紀張素瑩	女士	退 300元			
239	附設醫院	宋麗音	女士	給年費收據、帽子	宋麗音		
240	理學院海洋所	鄭展堂	先生	退 300元	鄭展堂	楊南萍	楊南萍
		金志和		補交450元	金志和	陶秀華	陶秀華
246	理學院化學系	林添丁	先生	退 300元	林添丁		
294	附設醫院	葉秀琴	女士	退 300元、贈帽子	葉秀琴		
301	附設醫院	王瓊瑛	女士	退 300元、贈帽子		王寶釵	
321	附設醫院	劉人宏	先生	退 285元、贈帽子	劉人宏		
339	農學院農化系	楊建澤	先生	退 300元	楊建澤	蕭富美	蕭富美
373	農學院農經系	許文富	先生	退 300元	許文富		
378	農學院園藝系	洪 立	先生	退 300元	洪立		
499	農學院森林系	汪 淮	先生	退 300元、贈帽子	汪淮		
594	軍訓室	茹道泰	先生	退 300元	茹道泰	曾海軍	曾海軍
667	電機系	郡依俤	先生	退 300元	郡依俤		
	工作人員父母	吳 開		吳開		張秀菊	張秀菊

張翁時　張翁時　　　　張秀娥　張秀娥

247 理學院 許再傳　許再傳

第三章　向理監事會報告出版《臺灣大學退休人員聯誼會會務通訊》事宜

當我在去年（民 102）元月一日接任臺大退聯會第九屆理事長，大家對弟有一個期許，除了正常推動會務外，把歷年來發行的《會務通訊》，「整一整」，我思索多時，以出版全集爲較佳方式。

楊建澤教授（第四屆理事長）交給我一堆會訊時說：「陳理事長，把這件工作做好，你就功德無量了！」正好我對於文獻整理、出版等事務，可以算是我的強項，並不感到有壓力，何況，我和臺大有極好的「因緣」，留住本會會員的許多記憶，我也有一份發自內心真誠的使命感。經多時努力，《會訊》全集終於出版，只先印三十本在理監事會給每一會員，建議（討論、決議）：

第一、再徵求每一屆代表性照片放書前，目前我找到（含本屆同仁照片），均如現在所呈現，以往歷屆照片，有的可在今年六月前交給辦公室同仁或給我。

第二、本書於年底會員大會贈參加會員人手一冊，未參加會員可自行到辦公室領一本。（每人限贈一本，須要多的必須自行向出版社價購。）

第三、本書贈本校圖書館、臺大人文庫若干。

第四、本書因頁碼限制，已達七百多頁，部份文字較小，已放到最大，若要再放大，要分兩冊，增加不便。

第五、本人暫擬代序如後，未來擬請歷屆理事長提序，將由本人親自向歷屆理事長報告，呈請定奪。最要者，向校長報告，請提序一篇。

關於《會訊》出版贈會員所須經費籌劃

前面講到《會訊》出版贈會員每人一冊，這須要花一些錢，但我先說明為何要贈會員每人一冊，有以下幾點充份的理由。

㈠會員繳費一輩子，送他一本會訊是應該的。

㈡會訊屬於所有會員，書中所有記錄都是全會員的。

㈢理監事和會員有此期待，把會訊整理出來，結果若只印幾十本，理監事有，其他沒有，意義不大。

㈣人老了，只剩回憶，大家都會老，回憶在會訊中，當我們老了，坐在搖椅上，你會拿來翻一翻，看看自己走過的足印，微笑如春花，在搖椅上做一個美夢！

因此，本席計畫這本會訊出版後，在今年（民 103）會員大會贈會員人手一本，爲本屆理監事（第九）劃下漂亮的句點。假設會員大會來一百五十人，沒來的事後可能有百人來領。加上贈圖書館校長、三長、主委或其他，可能要印兩百五十到三百本之間，經費大約八至十二萬間（書前放照片）。計畫財源有：

㈠我親自去和文康會主委「化緣」，得補助約三萬。

㈡親自面報校長或其化單位，呈請補助，或有三、四萬元。

㈢向外界化緣，我認識的有錢人朋友，可得少許。

㈣樂捐，還不足的，由本會支出，我們就省了很多。

以上我的說明應該很清楚，提請理監事會決議，是否在會員大會贈來的會員人手一冊，當成今年大會贈禮，及印量應爲若干！

關於《臺大退聯會會訊》出版說明（代序）

第九屆理事長陳福成

臺灣大學退休人員聯誼會（以下本書簡稱「退聯會」），成立於民國八十五年十二月廿八日，並經學校核備在案，首任理事長民國八十六年元月一日開始，經宣家驊理事長（第一、二屆）、方祖達理事長（第三屆）、楊建澤理事長（第四屆）、沙依仁理事長（第五、六屆）、丁一倪理事長（第七、八屆），弟於民國一〇二年元月一日接任第九屆理事長，成立至今（民103）已十七年。

在歷任理事長率各屆副理事長、理監事、各組長，用心辛勤耕耘，不間斷經之營之，至今會員已達七百人；多年來理監事和各組長以做志工的精神，爲退休會員承辦各項活動，本人代表全體會員致上一份真誠的感謝。

所有退聯會各組長承辦、推動的各項工作，均彙整在每年發行四期的《會訊》中，並寄給所有會員。惟本《會訊》並非正式出版品，極易散佚，各級圖書館亦不典藏，讓人有「歷史盡成灰」的感覺。

每一期會訊都代表本會會員走過的「腳印」，是我們人生的一部份，這個大時代、大歷史中的「小歷史」；但也是本會每個會員的「大歷史」，人生苦短，生命可貴，勿使我們走過的腳印、珍貴的史料，如灰煙散滅，故出版本書。再者，會訊是許多臺大人退休後的共同回憶，吾人保留這份美的記憶！直到永久！

本書之能出版，首要感謝黃存仁理事完成全部會訊掃描工作，並感謝本會第九屆理監事，各組長多方配合，始竟其功，敬請全體會員批評指教，不勝馨香期盼。（第九屆理事長陳福成　誌於臺大退聯會　二〇一四年四月）

感謝贊助、補助本書出版
經費徵信芳名錄

國際崇她社台北一社社長鄭雅文小姐	貳萬元整
文史哲出版社發行人彭正雄先生	陸仟元整
國立臺灣大學總務處（總務長王根樹教授）	伍萬元整
國立臺灣大學文康活動委員會（主任委員江簡富教授）	參萬元整
國立臺灣大學退休人員聯誼會會員陳昌桐先生	貳仟元整
國立臺灣大學退休人員聯誼會會員吳信義先生	壹仟元整
國立臺灣大學退休人員聯誼會會員楊長基先生	壹仟元整
國立臺灣大學退休人員聯誼會理事吳元俊（俊歌）先生	壹仟元整
國立臺灣大學退休人員聯誼會會員陳美枝小姐	壹仟元整
國立臺灣大學退休人員聯誼會會員無名氏先生	伍仟元整
國立臺灣大學退休人員聯誼會第九屆理事長陳福成	陸仟元整
國立臺灣大學退休人員聯誼會會員高閩生先生	壹仟元整
台中市市民張冬隆先生	貳仟元整
台中市創世基金會志工陳鳳嬌小姐	貳仟元整
台中市宏道基金會志工陳秀梅小姐	貳仟元整

臺灣大學退休人員聯誼會
第九屆理事長　陳福成　率全體會員致謝

《臺灣大學退休人員聯誼會會訊》編輯委員會

主編：陳福成

電腦編輯掃描：黃存仁

編輯委員：第九屆理監事會及各組長

理事長 陳福成

副理事長 何憲武

理事 陳美枝 吳元俊 路統信 王本源 林添丁 楊建澤 鄭大平

理事兼組長 丁一倪 陶錫珍 劉鵬佛 鐘鼎文 黃存仁 杜雅慧

監事主席 沙依仁

監事 方祖達 梁乃匡 高閩生 劉秀美

組長 闕麗蘇 陳明珠 陳志恒 許秀錦

第四章　向理監事會報告第十屆理監事提名人選

時間：二〇一四年九月二日

地點：校本部第二會議室

本人接任臺灣大學退休人員聯誼會（下稱本會）第九屆理事長，已快滿兩年，按本會〈組織章程〉第五條規定，本會現屆十五位理事和五位監事都要在會員大會重選，當然理事長也要重選。

理監事成員是本會存在、運作和發展之骨幹，辦公室各組長幾乎全由理監事組成。因此，身為理事長的我，須以負責、前瞻和無私的心態，為本會找出最佳理監事後選人，使其最有利於本會。再者，本人處理任何公務人事，都希望公開透明、清清楚楚、明明白白，一方面以示負責，也減少爭議。這個原則，在我任理事長這兩年內，曾多次宣示，也獲得大家的認同。為維持這個美好的風氣，我向本次（第九屆第七次）理監事會，報告整個提名經過和候選人，最後決定仍由理監事會和大會裁奪。

提名原則（新舊人選）

一、不論年齡，只要本會會員，其健康狀態許可且願爲本會付出，就是本會所要人選，本人仍向大會提名，使當事人有當選理監事爲大家服務的機會。

二、對於須要體力、業務煩雜，且須要和學校各單位經常連繫者，盡可能年輕化。本會每年諸多活動、例行會議等，由年輕會員擔任理監事或組長，可體現本會雖是退休人員團體還是很有活力的。

三、對於目前已是本會會員，但不是理監事，本人針對年輕有活力且願爲本會做出服務者，均親自徵詢、游說，「挖」進理監事候選名單，有機會擔任組長，以壯大本會陣容。

四、對於現任理監事，擔任組長或負責重要業務，其所承辦業務不易有替代者，本人強力慰留，列入理監事後選名單，建議大會支持，使其繼續爲本會做出貢獻。

五、對於非理監事，而在本會擔任組長或其他工作，優先爭取其同意，列入理監事名單，使其當選，能在本會「名實相符」，方便來年工作推動的方面。

六、對於沒有在辦公室擔任組長或工作的理監事，只要當事人願意、健康狀態許可，也都一併爭取再列入理監事名單。

七、所有理監事候選提名，都經我親自逐一電話或當面徵詢意見。此期間謝謝副理事長何憲武教授給我珍貴的意見，讓我順利完成此項工作。

此次提名之原則，著眼於未來兩年本會工作推展之方便，組長編組儘可能年輕化。凡擔任辦公室工作，尤其任組長者，計畫同時也是理監成員。

第十屆理監事候選名單提出與說明

同意繼續提名理事：（以下名銜稱謂均略）何憲武、丁一倪、吳元俊、陶錫珍、王本源、陳美枝、鄭大平、杜雅慧、鍾鼎文、劉鵬佛、黃存仁、楊建澤。

不同意繼續提名理事：陳福成、林添丁、路統信。

同意繼續提名監事：梁乃匡、高閩生、方祖達。

不同意繼續提名監事：沙依仁、劉秀美。

新提名理事（補位）：楊長基、林意婷、陳志恒。

新提名監事（補位）：邱淑美、許秀錦。

原・新理監事提名說明：首先我要感謝所有原任理監事及新提名理監事，接受我逐一徵求、諮詢，才得到目前這份名單，儘管現在只是「提名」，我仍要對所有人表達感謝之意。

鐘鼎文，鐘老，高齡九十三歲了，目前仍老神在在、目光炯炯，行動自如。他是退聯會的「全勤者」，每天按時到辦公室，爲所有會員守望這一方小小天地，他願意接受提名，我覺得是一件可資鼓舞的現成模範。因爲樂見本會每一個會員，健康樂活走出來，用自己的方式實踐人生的「自我實現」。

現任理監事絕大多數還算年輕，頂多是「青年老人」。雖有多位表達有更適合者，就提新人。但因人才難找，且爲維持本會的穩定性，已有多位以各種因素不再提名，現任理監事盡可能繼續提名，感謝他們接受我的提名。

理監事又任組長或擔任重要工作，長期以來對本會貢獻很大，例行重要工作的執行（如會訊編成、旅遊、慶生會、成果呈報等），都是不可替代的角色。他們的服務精神深受會員肯定，都必須再提名才是對本會最有利的選項。盡管多位在徵詢時向我表示，要我去挖出更適合人選替代他，我只能答應，「到目前找不到更合適、更高明的人選，找到了一定提名新人。」

陳志恒、邱淑美、許秀錦：三位目前在辦公室擔任要職，志恒是會員組長、淑美是合唱團老師、秀錦是文康組長（計劃下屆兼活動組長），三位目前並非理監事成員，已在本會諸多重要活動，表現極爲出色。且三位目前也是本會所有會員中最年輕者，渾身上下仍散發著青春的活力。因此提名，期待大家支持讓她們成爲理監事之一員，有她們加盟，不僅進一步活化理監事陣容，強化辦公室服務品質，也是所有會員的福氣。

楊長基，在校時間很長，當過教官室辦公室主任、生活輔導組長，有一流的領導EQ。對學校單位非常了解，又有深厚的行政經驗，而以「教授關係極好」聞名於同仁之間。提名擔任理事，未來必將對本會有更大貢獻。

林意婷，待過社科院出納組及社教分處，她已同意接會計組長，她已是本會會員，同時提名理事。會計組不同於其他各組，應以具有會計背景的會員接任，較有利於本會會務的推動。

以上對於新提名理監事的考量，主要配合新年度辦公室編組的需要。因爲本會理事長通常只有決策領導，才顯出他的存在角色，惟本會工作大多已「例行化」「規格化」、此種屬性團體，實際執行的各組長才是要角，故須強化辦公室陣容。

感謝本屆（第九）理監事和各組長

本屆理事十五位、監事五位，在歷次理監事會大家踴躍出席，高談宏論，爲本會建構最佳美景。只是我領導力不足，會中所提構想尚有諸多未能實踐，在對各位表達感謝之際，我也要表道歉意，希望來年更堅強的辦公室陣容更臻佳境，本會退休人員有福了！

本會除理監事編組，尚有因推展聯誼活動所必須的任務編組，經去（民 102）年會員大會修訂〈章則〉第八條，本對辦公室編成有：秘書、會員、活動、總務、會計、資訊、檔案E化、福利、關懷、文康共十個組長。本會全年有許多工作（呈報成果、會訊發行、開會、慶生、旅遊等），乃至臨時規劃的大型活動，如今（民103）年五月的「千歲宴」、八月的「退休人員回娘家」；另外有配合教聯會、職工會和逸仙會社團辦的很多活動，都要各組長和副組長共同完成。真的，這兩年辛苦了！謝謝大家。

本屆理監事有五位不再提名，監事主席沙依仁教授正在復健，監事劉秀美經關姊轉達，理事林添丁和路統信表示由年輕人接棒。對他們長期以來的服務精神，爲本會的貢獻，尤其沙教授擔任兩屆理事長，也代表本會致無尚謝意。

這次有兩位組長要「卸下重擔」，活動組長關姊和會計組長明珠姊。確實，二位已爲本會貢獻多年，美好的退休歲月都給了臺大退聯會。我代表本會向二位姊姊致最高謝意，也請大家研究如何表揚！卸任的理監事也一併表揚他們的付出。

我的不連任聲明及下屆理事長盡早安排

我不再提名理事如下的聲明，同時在本屆最後一次理監事會提出本案報告，目的之一是讓理監事會盡早思考下屆理事長人選，之二是讓有志競選理事長的會員，盡早準備出馬的布局。

向大家報告

向台灣大學退休人員聯誼會全體會員暨第九屆理監事報告。

感謝大家選我擔任本屆理事長，讓我有機會為大家服務，這兩年是個人生涯中的「奇跡」，與各組長共事更是「奇緣」。各組長的辛苦付出，本人代表全體會員向他們致無尚謝意。惟未能使本會開展鴻圖，是我個人能力德望皆不足，請見諒。

又到重選理監事之時，我個人原已在空大有課，從 **2015** 年 **2** 月起，要加代另一老師的課程（因出國而早已安排的相互代理），約一年四個月，到 **2016** 年 **5** 月止。因此，未來一年多，弟在空大以一人上兩人課，此期間沒有餘力顧及本會。是故，為使本會業務正常推動、運作，請大家不要考慮弟擔任理監事職。待弟代課任務結束，弟是本會永久志工。

耑此　敬頌　平安　　　陳福成

2014.9.2.

附錄：理監事會對我所提第十屆理監事提名的討論和決議

對於我不打算再連任理事長，心中已考量月餘，才終於以這篇連同其他提名的報告，向理監事提出。但數月以來，所有我聽到的聲音，不論當面告知或間接轉達，都認爲我的第一任理事長做得「太好了！」一定要連任。我心中很爲難，權衡公私，爲本會設想，我還是發表了「不連任聲明」，好讓其他有志競選理事長的人，儘早安排出馬，佈局競選準備工作。

二〇一四年九月二日（星期二），上午九點，本屆（第九）第七次理監事會，本次到會有劉鵬佛、鍾鼎文、王本源、陳明珠、林添丁、方祖達、高閩生、路統信、關麗蘇、楊建澤、鄭大平、陶錫珍、丁一倪、杜雅慧、許秀錦、陳志恒、何憲武和我，共十八人。

原先，我以爲自己有充份的理由，可以順利過關，把理事長一職交出去。但當我念完「聲明」全文，只能說現場一陣譁然，紛紛表示，要我一定要連任，好幾位說「若理事長不連任他也不幹了」。我一再解釋明年開始很難配合本會活動時間，大家竟說本會配合我的時間…。

當下只好接受盛情，提名再連任理事長，對於這群這麼支持我的朋友，真不知道我該謝恩？還是謝罪？但現在只是提名，是否當選還看十二月二日的會員大會！

第五章 關於安排參觀天帝教「天極行宮」始末

緣起：「天地會」成了「天帝教」嗎？

大約七、八年前，我到台中上課，順道經豐原去看一個老朋友叫吳建坤，酒足飯飽，天南地北的八卦聊不完。老友突然一本正經的說：

「報告營長！我現在信了天帝教，信天帝教也可以同時信別的宗教。」

我軍職幹營長時，他是我的營輔導長，退伍了還頑皮的「報告營長」。我因對中國近代秘密會黨如「洪門」、「天地會」，乃至青幫、紅幫也向來有興趣，可另參拙作《中國洪門、青幫與哥老會研究》（文史哲出版）。突然聽到老友提起「天帝教」，直覺是「天地會」轉型而來，現在成了「天地教」！我也一本正經的回答問說：

「原來天地會現在成了天地教，現在總舵主或教主是誰？還搞反清復明嗎？」

「大哥，你就別鬧了好嗎？天帝教的帝是上帝的帝，現在台灣十大新興宗教排第六，你沒聽過有天帝教嗎?」

「沒有，聞所未聞。」我說。

「好，我簡單介紹一下天帝教…」他說了大約十多分鐘，談到首任首席使者李玉階先生、名導演李行等人。當我離開他府上時，他給了我天帝教一些簡介資料。

出版《天帝教的中華文化意涵：掬一瓢《教訊》品天香》

回到台北我仔細看了天帝教簡介，我像一個好奇寶寶一樣，對天帝教的簡介充滿疑問。尤其信天帝教又可以信別教、追求「三民主義統一中國」、封孫中山先生爲「中山真人」、封蔣公中正爲「中正真人」，二人的神殿在「天極行宮」（台中清水）。最叫人啓疑的，天帝教的人間使命可以說就是復興中華文化，促成中國再一次完成和平統一。

這到底是一個宗教還是政黨?其教義和使命、宗旨等，完成不同於其他宗教。好奇心啓動進一步探討的動機，我親自拜訪位於新店的「天帝教總會」，獲贈一些書籍和期刊《教訊》。此後，我每月都會收到一本天帝教的《教訊》，近五、六年來從未間斷。

我慢慢整理讀《教訊》的心得，於二〇一三年八月由文史哲出版社，出版《天帝教的中華文化意涵：掬一瓢《教訊》品天香》一書，長約十萬言，這是寫作計畫的意外。

該書出版後，我有進一步的想法，正好二〇一三年元月開始，我意外接任「臺灣大學退休人員聯誼會理事長」，到我是第九屆。我很想利用機會帶臺大人去參訪天帝教（特指在清水的天極行宮），因爲我黨孫總理和蔣總裁在天極行宮當「真人」，以無形指揮現在的台灣軍民，完成生前未完之大業，吾人怎能不去看個究竟，到底真相如何？要去看，也値得去看。

臺大退聯會和天帝教朋友在新店總會的協調會

二〇一四年五月底，我打電話找到去年見過一面的劉曉蘋小姐，她邀約我見天帝教第二任首席使者李維生先生。她說是李先生想見我，我和李先生在寓所談了大約二十分鐘。劉曉蘋的身份是「中華宗教與和平協進會」秘書長，她樂意安排臺大參訪天極行宮一事，我提議帶我的幹部夥伴親自到新店總會，雙方人馬開會研議，劉小姐欣然同意。

數日後，我利用機會在辦公室討論此事，初步敲定可以參訪的社團除退聯會，外加教聯會和職工會。還有，師兄吳信義的政戰學校十四期，曾有和本會共同出遊的因緣，我也計畫經由信義兄長的號召力，邀請政戰十四期老大哥一起參訪天極行宮，我出自政戰研究所，也有一份親切感。

我擬訂出參加會議名單有：活動組長關麗蘇、會員組長陳志恒、文康組長許秀錦（也代表職工會），外加教聯會秘書陳梅燕和信義師兄，我當然是帶隊官。我和劉小姐商訂的會議日期是六月十三日上午十點半，地點在新店的天帝教總會。

當日，陳梅燕和吳信義因公未到，我和關姊、志恒、秀錦四人到天帝教總會；天帝教有掌教陳光靈、副理事長郝光聖、秘書長劉曉蘋、副秘書長陳鏡人和秘書李雪允。大家邊聊邊談，午前得出三點決議。

第一、臺大退聯會一日遊並參訪天帝教天極行宮，時間訂在九月十七日。

第二、人數以一部遊覽車（四十二人）爲準。

第三、當日早上七時半臺大校門口準時出發，到天極行宮有較寬的時間可用，午前由天帝教安排，中餐在行宮用素齋，本會以出遊午餐費做奉獻金。

開完會就在天帝教午餐，餐後略爲參觀後便打道回府，事情有了決議，下來就是我們積極「拉客」了。

退聯會一行四十人參訪天極行宮、清水一日遊

從六月十三日，我帶著幾位組長拜訪新店天帝教同奮，訂下參訪天極行宮行程後，

三個月來大家也利用各種場合，向會員宣傳今天的一日遊內容，天帝教只是參訪行程中的一站。本案仍由活動組長關麗蘇負責，她是這三個月最辛苦的組長。

原訂早上七點半在校門口出發，因遊覽車晚到遲至八點十分才出發，高速公路還算通暢，中途休息一次，約十點半就到了天帝教天極行宮（台中市清水區吳厝里吳厝路三六六號）。早有數位神職教職人員在門口迎接，簡單介紹後，導覽人員先做二十分鐘簡介，大家在附近參觀照相，尤其對孫中山先生被上帝封「中山真人」，蔣中正先生封「中正真人」最爲好奇。

最早讓我知道「天帝教」的老友吳建坤，這天也到天極行宮相見。

天極行宮正門口的聯文，充份體現天帝教內涵，「聖凡平等」、「天人大同」，右聯「願我玄宮佑三民主義統…」，左聯「念茲末劫行宇宙真道重光…」，橫批文「長期祈禱保台護國和平統一法會」最特別。

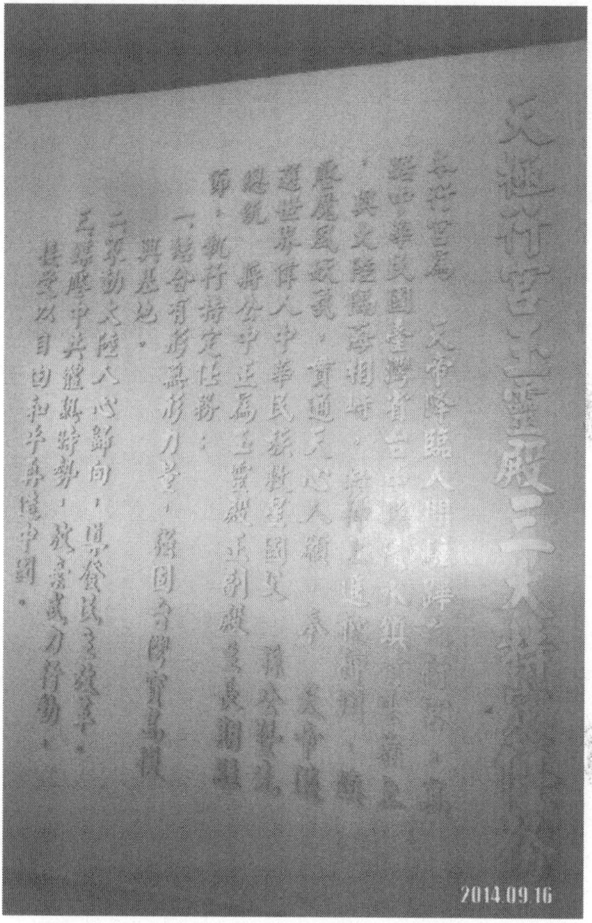

天極行宮玉靈殿三大特定任務，由中華民族救星孫公暨先總統　蔣公任正副殿主，長期駐節，執行人間未完成的任務。

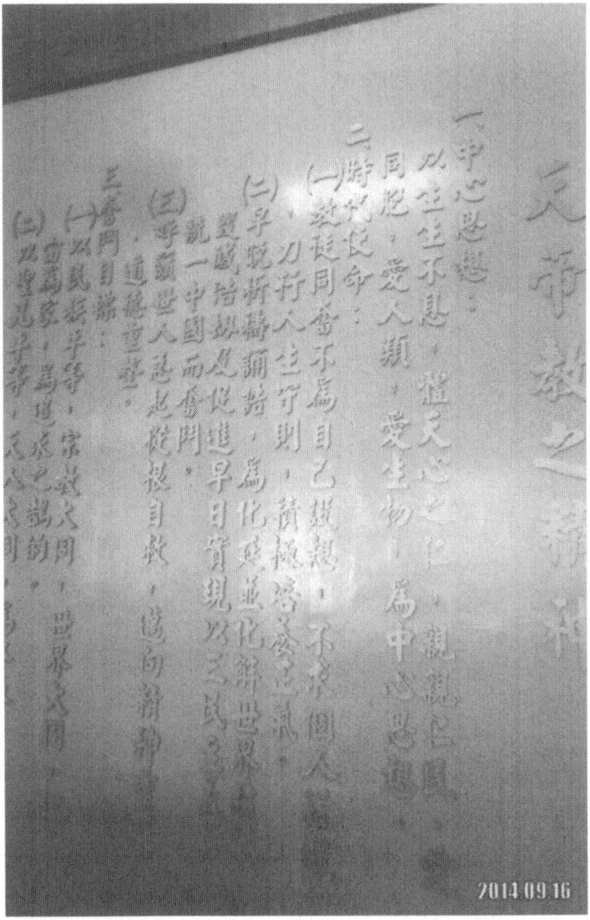

銘刻在天極行宮牆上的碑文，「天帝教之精神」，其時代使命之一強調，早晚祈禱誦誥，促進早日實現以三民主義再統一中國而奮鬥。

簡介之後大家到天極行宮大同講堂，由講師爲我們講解天帝教之緣起、教義、天極行宮三大特定任務等。（均後述）

天帝教信仰大宇宙的主宰—— 上帝

天帝是大宇宙、大空間的唯一主宰，就是中國人「齋戒沐浴，以事 上帝」的上帝，也是西方人信仰的 上帝。天帝教以 天帝宇宙大道為教化根本，要旨有四：

--效法宇宙天體運行不息，奮鬥不懈的精神。就是「天行健，君子以自強不息」的意義。

--效法 天帝調和宇宙自然規律，以維持宇宙天體和諧的精神。

--效法 天帝無私，至中至大的包涵精神。

--效法 天帝慈悲精神，逢劫而奮鬥，了悟修行的目的，在於救世救人。

先天天帝教重來人間

際茲核戰威脅，全球瀕臨毀滅危機，先天天帝教第55代天人教主李極初氏（李玉階大宗師）多次哀求 上帝，懇請宇宙最古老的天帝教重來地球，拯救天下蒼生。於69年12月21日蒙 上帝頒詔允許重來人間，由 上帝位居無形親自擔任教主，並派李極初氏為天帝教復興首任首席使者，駐人間弘揚 上帝教化，為拯救蒼生而奮鬥，於民國71年2月15日獲得內政部「准許自由傳播」，核准設立「財團法人天帝教」為台灣十大宗教之一，天帝教最特殊之處「信仰天帝教仍可信奉原有的宗教」，以示萬殊一本、萬教同源。

《2》

天極行宮參訪結束（午餐後），下一個景點是「高美溼地」，這幾年很夯。我最大的感想是人的價值觀變的太快了，三十年前「高美荒地」是大家頭痛不要的地方，如同「廢物」，幾年前成了「寶物」，源源不絕的觀光客，人潮帶來的是錢潮，真是時代不同了。

關於天帝教天極行宮和三大特定任務

我在《天帝教的中華文化意涵：掬一瓢《教訊》品天香》（文史哲出版，二〇一三年八月）書中，雖略說天極行宮和三大特定任務，惟未說述始末因緣。今親自來到天極行宮，並獲得「天極行宮第九屆管理委員會」編製之DM，本文按此DM介紹如後。

天極行宮，高踞中華民國台灣省台中市清水區青雲嶺上，與大陸隔海相峙，精神上遙控神州鎮壓魔風妖氛，貫通天心人願，奉上帝遴選世界偉人，中華民族救星國父　孫公中山先生暨先總統　蔣公中正先生爲玉靈殿正副、殿主，長期駐節，執行「金闕保台護國特定任務」。

天極行宮爲清水聞人，陳朝萬先生，道名光南，奉獻土地供天帝教興建人曹道場，蒙　天帝頒賜御定「天極行宮」四字，爲　上帝降臨人間駐驊之行宮，本教的精神堡壘，爲爾後每年巡天節，天帝降臨本太陽系巡視駐驛之行館。

天極行宮於民國七十一年五月三十一日動工興建，七十二年十二月十八日玉靈殿開光，七十四年七月七日正式落成啓用，第二期工程天人大同堂於七十八年十一月十二日動工，七十九年十二月二十一日落成啓用。

九龍池活水長流

天極行宮左隅古杉參天

龍頭石雕　龍涎蜿蜒

天極行宮是天帝教的人曹道場，一座頂天立地、旋乾轉坤負有天帝教時代使命（促成中國再統一）的精神堡壘，攸關本地球的和平、中國的前途、台灣的命運、我們自身的生存，這是本師世尊最重要的囑咐及鄭重的昭告上帝御訂天極行宮玉靈殿三大特定任務：

一、結合無形有形力量，強固台灣寶島復興基地。

二、策動大陸人心歸向，導發民主改革。

三、媒壓中共體認時勢，放棄武力行動，接受以自由和平再造中國。

確信在無形的應化，有形全教同奮的一致配合努力奮鬥下，必能很快的完成「玉靈殿三大特定任務」，進而達成本教的時代使命。

關於信仰天帝教仍可信仰別的宗教，此應天帝教很特別的地方。例如，天帝教信徒可以同時是天主、佛陀的信徒；回教、佛教、一貫道等信徒，也可以同

天極行宮面向台灣海峽，執行上帝交付三大特訂定任務

時天帝教的信徒，到底原因爲何？

天帝教認爲人間所有宗教同出一源，均奉宇宙主宰之命降臨人間，生在不同地域民族，適應時代環境需要，創造不同信仰救世渡人。各教信徒本是一家人，在此人類毀滅迫在眉睫的緊要關頭，所有宗教更應和衷共濟，各本真理行道教化，同爲拯救天下蒼生而奮鬥。

更何況本教廿字真言，其中包涵了各宗教悲天憫人的胸懷與精義，教徒只要奉行之，融會貫通於日常生活，自可貫通原來宗教之一貫精神，更能早日促進宗教大同與世界大同的實現，若能消弭浩劫於無形，造福天下蒼生，又何須自限於門戶之見呢？

天帝教的「真言」，也完全不同於回教、佛教的各種「真言」。按我的認知，其他宗教（佛教爲例），「真言」是屬「神、靈」的，秘密的、不可言說的、不可解的；而天帝教的「真言」是純屬「人、人間」的，清楚明白的，可解可說的。故介紹天帝教廿字真言如後。

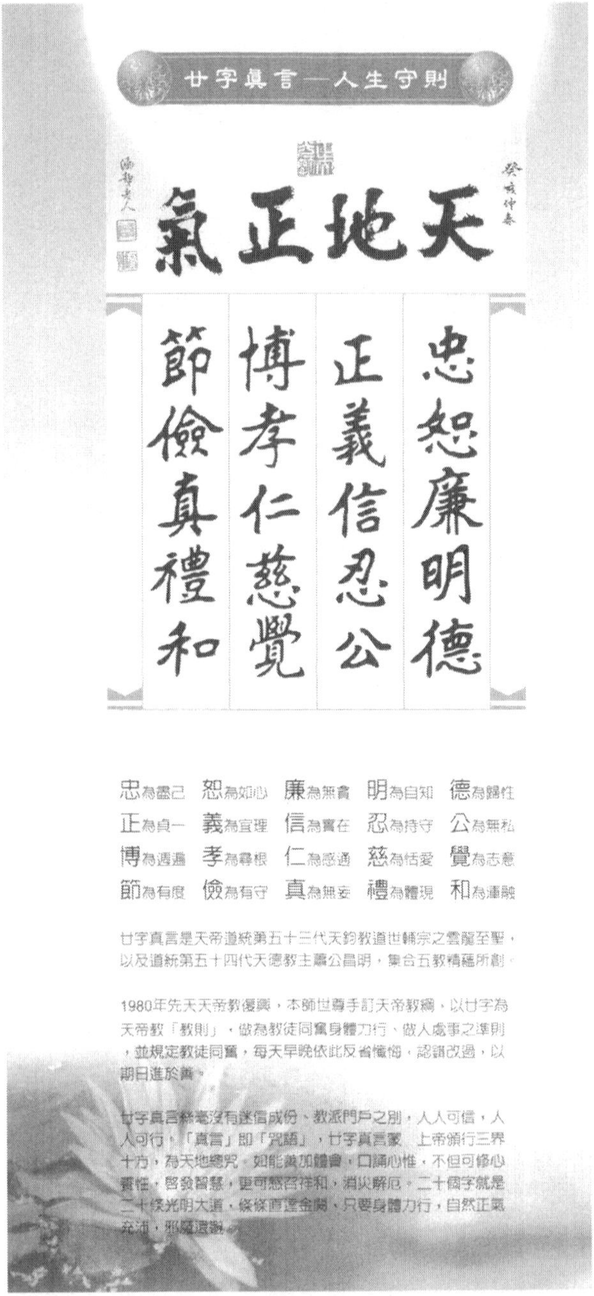

廿字真言—人生守則

天地正氣

忠恕廉明德
正義信忍公
博孝仁慈覺
節儉真禮和

忠為盡己　恕為如心　廉為無貪　明為自知　德為歸性
正為貞一　義為宜理　信為實在　忍為持守　公為無私
博為通遍　孝為尋根　仁為感通　慈為恬愛　覺為志意
節為有度　儉為有守　真為無妄　禮為體現　和為運融

廿字真言是天帝道統第五十三代天極教道世輔宗之雲龍至聖，以及道統第五十四代天德教主蕭公昌明，集合五教精髓所創。

1980年先天天帝教復興，本師世尊手訂天帝教綱，以廿字為天帝教「教則」，做為教徒同奮身體力行、做人處事之準則，並規定教徒同奮，每天早晚依此反省懺悔，認錯改過，以期日進於善。

廿字真言絲毫沒有迷信成份、教派門戶之別，人人可信，人人可行。「真言」即「咒語」，廿字真言蒙 上帝頒行三界十方，為天地總咒。如能善加體會，口誦心惟，不但可修心養性，啟發智慧，更可感召祥和，消災解厄。二十個字就是二十條光明大道，條條直達金闕，只要身體力行，自然正氣充沛，邪魔遠離。

第六章　臺大退聯會第九屆 2014 會員大會報告

報告人：理事長　陳福成

時間：二〇一四年十二月二日

地點：校本部　第一會議室

自從本會會員大會暨第九屆理監事全體會員，於二〇一三年元月十五日選出弟擔任本會理事、理事長（任期從元月一日起算）。到本年（民 103）底，很快就滿兩年了，本次大會要重選理監事，是謂第十屆理監事，再由理監事選出第十屆理事長、監事主席。以下針對二〇一四年重要會務，向本次會員大會全體會員報告。

一、例行會務正常按時推展

本會會務按《組織章程》（民 103 年 12 月 3 日會員大會修正通過）及慣例，有按時召開理監事會、年度會員大會、發行《會務通訊》、舉辦慶生會、評古說今座談會、旅遊、配合學校各社團辦理活動、呈報本會成果、廣召會員及有關會員福利、權益等事項。

例行會務執行情形，皆由各組長在《會務通訊》提報。針對本年度例行會務，由各組長向本次大會略爲簡報，按：秘書長劉鵬佛、會員組長陳志恒、活動組長關麗蘇、總務組長鍾鼎文、會計組長陳明珠、資訊組長黃存仁、檔案E化組長杜雅慧、福利組長丁一倪、關懷組長陶錫珍、文康組長許秀錦。依序向大會報告。

二、特別活動：「千歲宴」和「臺大會員回娘家」

特別活動是本會今年（民 103）例行會務工作以外，特別規劃的兩項俱有重要意義的大型活動。「千歲宴」在五月二十二日舉行，「會員回娘家」在八月二十六日。

㈠辦「千歲宴」的目的，乃考量較年長會員少參加本會活動，經多次討論決議，以八十歲以上（算到民一〇三年十二月三十一日身份證登記年齡爲準），爲邀請參加對象。是會，在本校「巨蛋」一樓文康室舉行，到有長者會員近五十人，校長楊泮池教授親臨現場同樂並和大會合照留念。（詳細情形見《會務通訊》第六十四期報導，民國一〇三年七月八日出刊）。

㈡「臺大退休人員回娘家」是擴大慶生會，當日也是近百人的盛況，把「臺大巨蛋」文康室變成一場熱鬧的嘉年華，有「陳美枝小提琴隊」，有「吳信義國標舞團」和本校排舞社表演。當然，成立一年的「退聯會合唱團」也獻唱幾曲新學的好歌。參加此項活動的會員有（名銜稱謂略，工作人員不計）：吳普炎、鄭大平、林參、蕭添壽、李學勇、蕭富美、王忠、洪林寶祝、楊維禎、徐玉標、路統信、郭寶章、曾廖口妹、林添丁、楊建澤、趙姬玉、林碧蘭、林映月、羅吉雲、黃淑琴、孫琇蓮、吳冰如、周麗真等數十人。

參、《臺灣大學退休人員聯誼會會務通訊》合集出版說明

以下都簡稱《會訊合集》，經大約一年的準備，收整、編輯，終於將本書出版，厚達八百多頁，書前有歷屆照片，如現在各位手上所領到的，請各位會員雅賞並留做紀念，書中有很多大家的記錄和回憶。

《會訊合集》除在大會分發人手一冊，辦公室控存部份，未參加大會的會員請自行到辦公室領取。本書另贈本校圖書館、校史館、校長、副校長、三長、文康會主委等相關單位與個人。

本書出版獲學校支持、補助，校長楊泮池教授在百忙中仍爲本書提序，總務處總務

長王根樹教授、文康會主委江簡富教授均大力贊助，我代表本會所有會員向各級長官表達最高感謝之意。也感謝黃存仁組長完成各期會訊掃描，爲本會節省經費。

本書共印兩百八十本，總經費十六萬八千元整。本人事前到處「化緣」，計得各界與個人贊助款十三萬元整，不足款三萬八千元由本會支出。參閱本書首頁「贊助、補助本書出版芳名錄」。

肆、本會第十屆理監事提名

此項提名先於今（民 103）年九月二日提出討論，會中有少許改變。次於十一月四日理監事會暨大會籌備會，進行討論並通過決議，第十屆理監事提名參選名單如下，供大會全體會員參酌。

理事提名：（名銜稱謂略）何憲武、丁一倪、吳元俊、陶錫珍、王本源、陳美枝、鄭大平、杜雅慧、鍾鼎文、劉鵬佛、黃存仁、許秀錦、陳福成、林意婷、陳志恒。

監事提名：楊建澤、梁乃匡、高閩生、方祖達、邱淑美。

伍、本會《組織章程》第七、八條執行概述

按本會《組織章程》第七條，理事會之職掌如左：

㈠舉辦各項聯誼性之旅遊、參觀、訪問活動。

㈡舉辦各項醫療、保健、福利座談及講座。

㈢維護退休教職員工之權益。

㈣提供專業知識，參與學校及社會服務。

㈤提供建言，供學校決策參考。

另按第八條，理事會下設各組長，以推展、落實理事會規定之各項工作，活化本會，使本會成爲會員聯誼的快樂平台。

惟檢討上述五項職掌，似乎㈠㈡項本會執行較爲落實，而㈢㈣㈤不熱門，較少主動積極去執行。是故，也很少有會員知道㈢㈣㈤項，我們到底做了什麼？爲會員提供了什麼？

事實上，本會福利組長丁一倪教授（第七、八屆理事長），默默的針對㈢㈣㈤項，積極投入很多心力，到處奔走，參加立法院聽證會等。以下略說之。

陸、丁一倪教授維護退休教職員工權益、福利及兩岸學術交流的努力

多年來，丁教授在兩岸、國際學術交流，在維護退休教職員工權益和福利，在參與校際、社會服務等，不僅積極參與推展實際工作，也提供建言參考。他彌補本人在會務推動上之不足，進一步落實本會組織章程法定之任務。僅針對這一年多來，略述丁教授所努力的工作，亦只能窺豹一斑。

㈠參加教育部主持的年金制度改革方案座談會、最高法院「授權公務員」辯論旁聽、本校法律學院主辦之「學術研究經費制度」檢討會、國家教育研究院主持的人才培育白皮書計畫、大專教授國是論壇，及代表本會參加校際聯誼活動等。

㈡兩岸及國際學術交流方面。參加海峽科技專家論壇、中國科協年會、國際科學大師論壇、兩岸四地工程教育圓桌論壇。現在丁教授正在努力「前進緬甸計畫」（緬甸陣亡十萬國軍的慎終追遠和學術研究兩大工程），兩岸正合作進行中，這是炎黃子孫最有意義的工作，有意參加者請和丁一倪教授聯繫：

M：0933-092264

TeL：02-23969972：02-29310435

Email：initing@ntu.edu.tw

FAX：02-23511752

另外，有關兩岸學術、文化交流，有關環保、永續經營的議題，有關兩岸食品安全和經濟問題探討，青年論壇和世代交替等，都是丁教授參與或宣講的範圍。

㈢退休人員權益、福利、保險和理財。辦理會員福利卡（憑卡折扣優惠、旅遊、機票省很多），健保服務、異業結盟專案、健康醫療講座、退休人員理財專案、向保險業爭取大專教師特惠方案等。

其他如反毒、安全等社會工作，丁教授也都積極投入，諸多工作中，有親自參與者，有大力宣導者。但他的努力只在《會訊》報導，鮮少在會員大會詳述（時間、機會不多）。本人再於大會提出簡報，不過補助宣揚其事蹟，期待「蝴蝶效應」的發生！

第九屆理監事、理事長、監事主席的兩年任期很快過了。這兩年理監事各會員諸多建言宏論，我代表全體會員致謝意；只是弟能力、德望不足，未全面落實會員所提構想，也必須向大家致歉意。辦公室各組長兩年來的努力貢獻，全體會員也要給他們獻上一份感謝。

新的年度即將到來，二〇一五年開始的第十屆理監事提名人選，弟經第九屆理監事會討論、決議，提出人選如前，供大會參考並請支持。祝福大會成功、新春如意。（臺灣大學退休人員聯誼會第九屆理事長陳福成　寫於二〇一四年十一月）

遏止分裂逆流　宏揚中華文化

——中國人反獨護國動員大會宣言

廿三年前，民進黨通過「台獨黨綱」，揚言要消滅中華民國、建立「台灣共和國」；島內政治經濟頓時陷於混亂，人心惶惶。更嚴重的是，李登輝氏當時挾持著中國國民黨、掩護民進黨步步趨向「台獨」目標，引起神州同胞一致憤慨，台海戰火一觸即發。懍於如此險惡情勢，我海內外有志之士乃成立〈中國人反獨護國大同盟〉，發表《挺身而出，義無反顧》宣言，在臺灣、港澳及美加等地展開一連串的反獨行動，嚴重打擊了那一小撮民族敗類。

真是天祐中華！李氏倒行逆施未久，即被逐出國民黨，背負「民族罪人」的惡名，有虧晚節。而台獨魁首陳水扁雖一時取得大位，卻因貪腐不堪聞問而下台，至今悲歎囹圄，爲天下笑。馬英九先生執政後，迅即開展海峽和平之局，兩岸四地同胞密切往來，漸見心靈契合、水乳交融。正是「天涯輾轉息鞍馬，逍遙歌誦歸去來」，我盟同仁因是亦可各自返根復命、休暢歲月，漪歟美哉！

尤可喜的是，大陸經過這廿年的和平發展，已昂然崛起，成爲世所欽羨的富強之邦。

而今更朝向「富而好禮」的目標邁進；宏揚傳統優良文化的實踐已在神州遍地開花；且在全球設立了逾千所的〈孔子學院〉，起著推展中華文化於全人類的實質作用。凡此，令有識之士咸信：超越漢唐的中華新盛世，必將照臨寰宇！

惟《易經》有道：「君子安而不忘危，存而不忘亡，治而不忘亂」；常懷憂患意識，是我民族可大可久之要竅。須知「以華制華」——企圖利用我民族內的小撮敗類來控制中國，原是一切帝國主義者百多年來的慣伎。深究當前妄圖分裂中國的勢力，除舊有的「台獨」和「藏獨」外，最近又冒出極端暴力的「彊獨」，甚至還有「左獨」、「蒙獨」、「港獨」的聲音，其根本源由無不在此。其中以一群青年人組成的「左獨」，最堪國人警惕。這群人與今年三月台北發生的「太陽花學運」有密切的關聯，他們自稱「基進側翼」（Wing of radical politics），主張「左獨」路線，妄指北京政府是「帝國主義者」，在台的國民黨則爲「殖民主義者」，他們的政治目標要「反帝、解殖」、建立「台灣國」。他們親日成狂，自稱爲「我們才是處於日本維新志士那一代」。他們把台南一個公園的國父孫中山先生銅像推倒，稱爲「公共空間解殖」。他們甚至誣指中華文化是「霸權」，要實行「文化脫漢」云云。他們還要參與年底的台灣地方選舉，以實踐其「去中立台」的妄想。種種狂言妄行，跡近精神錯亂，實是前所未見。此一小股逆流雖不可能成什麼大氣候，但在民族復興大道上，也可能釀出災禍來的；這好比一個狂漢在人群中揮刀亂砍，必會產生恐怖的效應。這股逆流的主體都是青年人，居然以中華文化爲敵！既證明了「去中國化」的「文化台獨」思想長期浸蝕，對年輕的心靈確有相當的毒害性，也說明了近廿年來台灣的正規教育果真出了問題。這類錯亂言行，如不導正遏止，任其漫延滋長，勢必遺毒後代。

職是之故，我們懍於「國家興亡，匹夫有責」之義，不得不再披盔甲，重出江湖；爰發表這篇宣言，望對一切錯亂言行有以導正。

如何導正？佛家有云：「一燈能除千年暗」，必須立於中華文化的最高最廣視界，才能觀照一切問題所在；如是心靈自然清明，不再自困於迷思妄想。

早在一九五八年元旦，牟宗三、唐君毅、張君勱、徐復觀四位大哲聯名發表了《爲中國文化敬告世界人士宣言——我們對中國學術研究及中國文化與世界文化之共同認識》。這篇長達四萬字的大作，在中華文化的發展史上，其重要性可與唐代李翺的《復性書》相提並論。按全人類文化可概括爲四條主線：以蘇格拉底爲代表的希臘文化、以耶穌基督爲代表的希伯來文化、以釋迦牟尼爲代表印度文化，及以孔子爲代表的中華文化。蘇、耶、釋、孔四人亦因此而成爲現代世界公認的「軸心聖哲」·在四條文化主線中，中華文化特有最強的包容力，從它數千年的發展史上可分為三個大放異彩的「融合期」是最佳的印證，即：首先是春秋戰國時代諸子百家學說並起，形成中華原本文化的多彩多姿特質。其次是隋唐時代全面吸收了印度佛教文化思想，使中華文化再放異彩。第三期就是現代，全面吸收西方文化之所長（包括希臘文化的科學精神、希伯來文化的宗教精神，乃至近代西方的民主制度、科技事物等等）。中華文化今天仍處在此「第三期」的過程中，並未完成融合，但將來大放異彩是必然的。《復性書》的重要性正是在第二期，它是開拓宋明「心性之學」的先導性文獻。而一九五八年的宣言，則是貞定了中華文化在此期的大原則大方向，經過半個世紀以來的實踐驗證，這篇大作所說的洵為真知灼見。

不特此也。這篇宣言更進而揭示了全人類走上「大同」的可行途徑。具體來說，中華民族固應吸收西方文化的「方以智」精神來充實自己；相對的，西方也應學習中華文化的「圓而神」精神——天人合一理想、成聖成賢之學、攸久無疆的歷史意識，乃至天下一家的情懷。這樣，便是真正做到了東西方文化的會通，世界上每個人都成為孟子所說的「天民」（不再是哪一國之民，而是天下之民）了。這樣，不但「中國夢」成真，而且中華民族自古以來的「世界大同」理想也實現了！要而言之，這般高明知見、這般廣大胸襟、這般博愛情懷，可用《中庸》這段話來概括：「君子尊德性而道問學，致廣大而盡精微，極高明而道中庸，溫故而知新，敦厚以崇禮。」這就是中華文化的精髓！有權者若不知此，是爲淺薄，不配領導群倫。有志氣的青年人不受此教，是爲孤陋，難望成大器。

宏揚中華文化，是每一位炎黃子孫的天職．遏止分裂逆流，尤屬當權者的責任。中共總書記習近平先生月前明白宣示：「對任何分裂國家行徑，我們絕不會容忍。歷史已經並將繼續證明，台獨之路走不通。」旨哉此言！令人鼓舞。我們殷望中國國民黨三復此言，重振黨魂，才是實踐其總理遺教、總裁遺訓的正辦。

台灣九項地方公職人員選舉，將於本月廿九日舉行。我們趁此呼籲，請每位選民同胞實踐您的天職，即：

先看清楚誰是台獨分子，或者是打著「無黨派」旗號而有台獨背景的人，您這神聖一票絕對不可以投給他！

中國人反獨護國動員大會全體參與者敬啓

中華民國一〇三（2014）年十一月十六日　於台北市英雄館

宏揚中華文化，遏止分裂逆流，人人有責。本文歡迎翻印、複印。更歡迎捐款助印以利廣泛傳播。

接洽處：淨名文化中心　桃園縣楊梅市青山五街四號（03）4962335 0976790660 電郵：vimalakitic.c@gmail.com

陳福成生命歷程與創作年表（只記整部出版著作）

民國四十一年（一九五二）一歲

△元月十六日，生於台中縣大肚鄉，陳家。

民國四十八年（一九五九）八歲

△九月，進台中縣大肚國民小學一年級。

民國四十九年（一九六〇）九歲

△夏，轉台中市太平國民小學一年級。

民國五十年（一九六一）十歲

△春，轉台中縣大雅國民小學六張犁分校二年級。

年底搬家到沙鹿鎮，住美仁里四平街。

民國五十一年（一九六二）十一歲

△轉台中縣新社鄉大南國民小學三年級（月不詳）。

民國五十四年（一九六五）十四歲

△六月，大南國民小學畢業。

△九月，讀東勢工業職學學校初中部土木科一年級。

△是年，開始在校刊《東工青年》發表作品。

民國五十七年（一九六八）十七歲

△六月，東工第一名畢業，獲縣長王子癸獎。

△八月三十一日，進陸軍官校預備班十三期。

持續在校刊發表作品，散文、雜記等小品較多。

民國五十九年（一九七〇）十九歲

△春，大妹出車禍，痛苦萬分，好友王力群、鍾聖錫、劉建民、虞義輝等鼓勵下接受基督洗禮。

民六〇年（一九七一）二十歲

△六月，預備班十三期畢業。

△七月，同好友劉建民走橫貫公路（另一好友虞義輝因臨時父親生病取消）。

△八月，升陸軍官校正期班四十四期。

△年底，萌生「不想幹」企圖，四個死黨經多次會商，一直到二年級，未果，繼續

讀下去。

民六十四年（一九七五）二十四歲

△四月五日，蔣公逝世，全連同學宣誓留營以示效忠，僅我和同學史同鵬堅持不留營。（多年後國防部稱聲那些留營都不算）

△五月十一日（母親節），我和劉、虞三人，在屏東新新旅社訂「長青盟約」。

△六月，陸軍官校四十四期畢業。

△七月，到政治作戰學校參加「反共復國教育」。

△九月十九日，乘「二二九」登陸艇到金門報到，任金防部砲指部斗門砲兵連中尉連附。

民國六十五年（一九七六）二十五歲

△醉生夢死在金門度過，或寫作打發時間，計畫著如何可以「下去」（當老百姓去），考慮「戰地」軍法的可怕，決定等回台灣再看情況！

民國六十六年（一九七七）二十六歲

△春，輪調回台灣，在六軍團砲兵六〇〇群當副連長。駐地桃園更寮腳。

△五月，決心不想幹了，利用部隊演習一走了之，當時不知道是否逃亡？發生「逃官事件」，險遭軍法審判。

△九月一日，晉升上尉，調任一九三師七七二營營部連連長，不久再調任砲連連長，駐地中壢。

△十一月十九日，「中壢事件」，情勢緊張，全連官兵在雙連坡戰備待命。

民國六十七年（一九七八）二十七歲

△七月，全師換防到馬祖，我帶一個砲兵連弟兄駐在最前線高登（一個沒水沒電的小島），島指揮官是趙繩武中校。

△十二月十五日，美國宣佈和中共建交，全島全面備戰，已有迎戰及與島共存亡的心理準備，並與官兵以「島在人在，島失人亡」共盟誓勉。

民國六十八年（一九七九）二十八歲

△十一月，仍任高登砲兵連連長。下旬返台休假並與潘玉鳳小姐訂婚。

民國六十九年（一九八〇）二十九歲

△七月，換防回台，駐地仍在中壢雙連坡。

△十一月，卸連長與潘玉鳳結婚。

民國七〇年（一九八一）三十歲

△三月，晉升少校（一九三師）

△七月，砲校正規班結訓。

△八月，轉監察，任一九三師五七七旅監察官。（時一九三師衛戍台北，師長李建中將軍）。

民國七十一年（一九八二）三十一歲

△三月，仍任一九三師五七七旅監察官。駐地在新竹北埔。

△現代詩「高登之歌」獲陸軍文藝金獅獎。當時在第一士校的蘇進強上尉，以「青青子衿」拿小說金獅獎。很可惜後來走上台獨路，不知可還有臉見黃埔同學否？

△長子牧宏出生。

△年底，全師（193）換防到馬祖北竿。

民國七十二年（一九八三）三十二歲

△六月，調任一九三師政三科監察官（馬祖北竿，師長丁之發將軍）

△十二月，調陸軍六軍團九一兵工群監察官。

民國七十三年（一九八四）三十三歲

△十一月，仍任監察官。

△父喪。

民國七十四年（一九八五）三十四歲

△四月，長女佳青出生。
△六月，〈花蓮十日記〉（台灣日報連載）。
△八月，調金防部政三組監察官佔中校缺，專管工程、採購。（司令官宋心濂上將）
△九月，「部隊管教與管理」獲國防部第十二屆軍事著作金像獎。
△今年，翻譯愛倫坡（Edgar Allan）恐怖推理小說九篇，並在偵探雜誌連載，多年後才正式出版。

民國七十五年（一九八六）三十五歲

△元旦，在金防部監察官晉任升中校，時金防部司令官趙萬富上將。
△六月，考入政治作戰學校政治研究所第十九期三研組。（所主任孫正豐教授、校長曹思齊中將）
△八月一日，到政治作戰學校研究所報到。

民國七十六年（一九八七）三十六歲

△元月，獲忠勤勳章乙座。
△春，「蔣公憲政思想研究」獲國民黨文工會學術論文獎。
△九月，參加「中國人權協會」講習，杭立武當時任理事長。
△今年，翻譯愛倫坡小說五篇，並在偵探雜誌連載，多年後才正式出版。

民國七十七年（一九八八）三十七歲

△六月，政研所畢業，碩士論文「中國近代政治結社之研究」。到八軍團四三砲指部當情報官。

△八月，接任第八團四三砲指部六〇八營營長，營部在高雄大樹，準備到田中進基地。（司令是王文燮中將、指揮官是涂安都將軍）

民國七十八年（一九八九）三十八歲

△四月，輪調小金門接砲兵六三八營營長。（大砲營）（砲指部指揮官戴郁青將軍）

△六月四日，「天安門事件」前線情勢緊張，前後全面戰備很長一段時間。

民國七十九年（一九九〇）三十九歲

△七月一日，卸六三八營營長，接金防部砲指部第三科作戰訓練官。

△八月一日，伊拉克入侵科威特，海峽情勢又緊張，金門全面戰備。

民國八〇年（一九九一）四〇歲

△元月、二月，波灣戰爭，金門仍全面戰備。

△三月底，輪調回台南砲兵學校任戰術組教官。（指揮官周正之中將）（以後的軍職都在台灣本島，我軍旅生涯共五次外島，金門三，馬祖二。）

民國八十一年（一九九二）四十一歲

△三月，參加陸軍協同四十五號演習。

△六月，考入三軍大學陸軍指參學院。（校長葉昌桐上將、院長王繩果中將）

△七月四日，到大直三軍大學報到。

民國八十二年（一九九三）四十二歲

△六月十九日，三軍大學畢業，接任花東防衛司令部砲指部中校副指揮官，時中校十一級。（指揮官是同學路復國上校，司令官是畢丹中將）

△九月，我們相處的很好，後來我離職時，同學指揮官送我一個匾，上書「運籌帷幄，決勝千里」。可惜實際上沒有機會發揮，只能在紙上談兵，在筆下論戰，幾年後路同學升少將不久也退伍了。調原單位司令部第三處副處長。

△這年經好同學高立興的努力，本有機會調聯訓部站一個上校缺，卻因被一個姓「朝鮮半島」的同學「穿小鞋」，功敗未成，只好持續在花蓮過著如同無間地獄的苦日子。

民國八十三（一九九四）四十三歲

△二月，考取軍訓教官，在復興崗受訓。（教官班四十八期）

△四月，到台灣大學報到，任中校教官。當時一起來報到的教官尚有唐瑞和、王潤身、劉亦哲、吳曉慧共五人。總教官是韓懷豫將軍。

△四月，老三佳莉出生。她的出生是為伴我中老年的寂寞，從她出生到小三，洗澡換尿片三更半夜喝奶，全我包辦，三個孩子只有她和我親近。

△七月，母喪。

△十一月，在台大軍官團提報「一九九五閏八月的台海情勢」廣受好評。

民國八十四年（一九九五）四十四歲

△六月，「閏八月」效應全台「發燒」。

△《決戰閏八月——中共武力犯台研究》一書出版（台北：金台灣出版社）。本書出版後不久，北京《軍事文摘》（總第59期），以我軍裝照為封面人物，大標題以「台灣軍魂陳福成之謎」，在內文介紹我的背景。

△七月，開始編寫各級學校軍訓課程「國家安全」教材。

△十二月，《防衛大台灣——台海安全與三軍戰略大佈局》一書出版：（台北：金台灣出版社）

民國八十五年（一九九六）四十五歲

△元月，為撰寫軍訓課本「國家安全」，本月十一日偕台大少校教官陳梅燕拜訪戰略家鈕先鍾先生，主題就是「國家安全」。（訪問內容後來發表在「陸軍學術月刊第375、439期」

△三月，擔任政治大學民族系所講座。（應民族系系主任林修澈教授聘請）。

△《孫子實戰經驗研究》一書，獲中華文化總會學術著作總統獎，獎金五萬元。

△《國家安全》幼獅版，納入全國各級高中、職、專科、大學軍訓教學。

△四月，考上國泰人壽保險人員證。

△九月，佔台灣大學上校主任教官缺。

△榮獲全國軍訓教官論文優等首獎，《決戰閏八月》。

民國八十六年（一九九七）四十六歲

△元旦，晉升上校，任台大夜間部主任教官。

△七月，開始在復興廣播電台「雙向道」節目每週一講「國內外政情與國家安全」（鍾寧主持）。

△八月，《國家安全概論》（台灣大學自印自用，不對外發行。）

△十二月，《非常傳銷學》出版。

民國八十七年（一九九八）四十七歲

△是年，仍在復興電台「雙向道節目」。

△五月，在台大學生活動中心演講「部落主義及國家整合、國家安全之關係」。

△十月十七日，籌備召開「第一屆中華民國國防教育學術研討會」（凱悅飯店，本

會在淡江大學戰略所所長翁明賢教授指導下順利完成，工作夥伴除我之外，尚有輔仁大學楊正平、文化大學李景素、淡江大學廖德智、中央大學劉家楨、東吳大學陳全、中興法商鄭鴻儒、華梵大學谷祖盛（以上教官）、淡江大學施正權教授。）我在本會提報論文「論國家競爭優勢與國家安全」（評論人：台灣大學政治系助理教授楊永明博士），本論文為銓敘部公務人員學術論文獎，後收錄在拙著《國家安全與情治機關的弔詭》一書。

△七月，出版《國家安全與情治機關的弔詭》（台北：幼獅出版公司）。

民國八十八年（一九九九）四十八歲

△二月，從台灣大學主任教官退休，結束三十一年軍旅生涯。

「化敵為我，以謀止戰」（小說三十六計釜底抽薪導讀，與實學社總編輯黃驗先生對談。）；考上南山人壽保險人員證。

△四月，應國安會虞義輝將軍之邀請，擔任國家安全會議助理研究員。（時間約一年多，每月針對兩岸關係的理論和實務等，提出一篇研究報告（論文）。

民國八十九年（二〇〇〇）四十九歲

△三月，《國家安全與戰略關係》出版（台北：時英出版社）。

△四、五、六月，任元培科學技術學院進修推廣部代主任。

△六月一日，在高雄市中山高中講「兩岸關係及未來發展——兼評新政府的國家安全構想」（高雄市軍訓室軍官團）

△十一月，與台灣大學登山會到石鹿大山賞楓。

△十二月，與台灣大學登山會到司馬庫斯神木群。

民國九〇年（二〇〇一）五十歲

△五月四到六日，偕妻及一群朋友登玉山主峰。

△六月十六、十七日，參加陸軍官校建校七十七週年校慶並到墾丁參加44期同學會。

△十月六日，與台大登山隊到晒牛山。

△十二月，《解開兩岸十大弔詭》出版（台北：黎明出版社）。

△十二月八到九日，登鎮西堡、李棟山。

△十二月二二到二三日，與台大登山隊走霞克羅古道。

民國九十一年（二〇〇二）五十一歲

△去年至今，我聽到三位軍校同學過逝，甚有感慨，我期至今才約五十歲。想到學生時代很要好的同學，畢業已數十年，怎都「老死不相往來」，我決定試試，召集住台大附近（半小時車程），竟有七人（含我）來會，解定國、高立興、陳鏡培、童榮南、袁國台、林鐵基。這個聚會一直持續下去，後來我定名「台大周邊

地區陸官44期微型同學會」（後均簡稱「44同學會」第幾次等。

△二月，《找尋一座山》現代詩集出版，台北，慧明出版社。

△二月十二到十四日，到小烏來過春節，並參訪赫威神木群。

△二月二三到二四日，與台大登山會到花蓮兆豐農場，沿途參拜大理仙公廟。

△四月七日，與山虎隊登夫婦山。

△四月十五日，在范揚松先生的公司第一次見到吳明興先生（當代兩岸重要詩人、作家），二十多年前我們曾一起在「腳印」詩刊發表詩作，未曾謀面。

△四月二十一日，與台大隊登大桐山。

△四月三十日，在台大鹿鳴堂辦第二次44同學會：我、解定國、袁國台、高立興、周念台、林鐵基、童榮南。

△五月三到五日，與台大隊登三叉山、向陽山、嘉明湖。（回來後在台大山訊發表紀行一篇）。

△六月二一到二三日，與苗栗三叉河登山隊上玉山主峰（我的第二次）。

△七月第一週，在政治大學參加「社會科學研究方法」研習營。（主任委員林碧炤）。

△七月十八到二一日，與台大登山會登雪山主峰、東峰、翠池。在「台大山訊」發表「雪山盟」長詩。

△八月二十日，與台大登山會會長張靜二教授及一行十餘人，勘察大溪打鐵寮古道、草嶺山，並到故總統經國先生靈前致敬。

△八月二九到九月一日，與山友十餘人登干卓萬山、牧山、卓社大山。（因氣候惡劣只到第一水源處紮營，三十一日晨撤退下山。）

△九月，《大陸政策與兩岸關係》出版（黎明出版社，九十一年九月）。

△九月二十四日，在台大鹿鳴堂辦第三次44同學會：我、高立興、童榮南、林鐵基、周念台、解定國、周立勇、周禮鶴。

△十月十八到二十日，隨台大登山隊登大霸尖山（大、小霸、伊澤山、加利山），在「台大山訊」發表「聖山傳奇錄」。

△十一月十六日，與台大登山隊登波露山（新店）。

民國九十二年（二〇〇三）五十二歲

△元月八日，第四次44同學會（在台大鹿鳴堂），到有：我、周禮鶴、高立興、解定國、袁國台、林鐵基、周立勇。

△元月八日，在台灣大學第一會議室演講「兩岸關係發展與變局」，併發表四本年度新書。（台大教授聯誼會主辦），除《解開兩岸十大弔詭》和《大陸政策與兩岸關係》兩書外尚有：《找尋一座山》（現代詩集，慧明出版）、《愛倫坡恐怖

小說選》。

△二月二十八日，應佛光人文社會學院董事會秘書林利國邀請，在宜蘭靈山寺向輔導義工演講「生命教育與四Q」。

△三月十五、十六日，與妻參加台大登山隊「榛山行」（在雪霸）。

△三月十八日，與曾復生博士在復興電台對談兩岸關係發展。

△三月十九日，到非政府組織（NGO）會館，參加「全球戰略新框架下的兩岸關係研討會」，由「歐洲文教基金會與黨外圓桌論壇」主辦。席間首次與前民進黨主席許信良先生閒談。晚間餐會與前立法委員朱高正先生和台大哲學系教授王曉波夫婦同桌，我和他們都是素昧平生。但兩杯酒一喝，大家就開始高談近代史事，朱委員酒量很好，可能有「千杯不醉」的境界。名片上印有「周易」文言：「夫大人者。與天地合其德。與日月合其明。與四時合其序。與鬼神合其吉凶。先天而天弗違。後天而奉天時。天且弗違。而況予人乎。況于鬼神乎。」，其境界更高。

△三月二十日，叢林一隻不長眼的「肥羊」闖進頂層掠食者的地盤，性命恐將不保；美伊大戰開打，海珊可能支持不了幾天。

△三月二十六日到三十日，隨長庚醫護人員及內弟到大陸，遊西湖、黃山。果然「上有天堂下有蘇杭」、「黃山歸來不看山」，我第一次出國竟是回國。歸程時SARS

開始流行，全球恐慌。

△四月三日到六日，同台大登山隊登雪白山，氣候不佳，前三天下雨。第一天宿司馬庫斯，第二天晨七時起程，沿途林相原始，許多千年神木，下午六時雪白山攻頂，晚上在山下紮營，第三天八點出發，神木如林，很多一葉蘭，下午過鴛鴦湖，五點到棲蘭。第四天參觀棲蘭神木，見「孔子」等歷代偉人，歸程。

△四月十二、十三日，偕妻與台大登山隊再到司馬庫斯，謁見「大老爺」神木群等。

△四月二十一日，第五次44同學會（在台大鹿鳴堂），到者：我、袁國台、解定國、林鐵基、周立勇。

△六月十四日，同台大登山隊縱走卡保逐鹿山，全程二十公里，山高、險惡、瀑布，螞蝗多。

△六月二十八日，參加中國文藝協會舉行「彭邦楨詩選」新書發表會。彭老已在今年三月病逝紐約，會中碰到幾位前輩作家，鍾鼎文、司馬中原、辛鬱、文曉村等人，還有年青一輩的賴益成、羅明河等。

△七月，《孫子實戰經驗研究》出版（黎明出版公司），本書是八十五年學術研究得將作品，獲總統領獎；今年又獲選為「國軍連隊書箱用書」，陸、海、空三軍各級，一次印量七千本。

△七月二十二日到八月二日，偕妻同一群朋友遊東歐三國（匈牙利、奧地利、捷克）。

△十月十日到十三日，登南湖大山、審馬陣山、南湖北峰和東峰。

△十一月，在復興電台鍾寧小姐主持的「兩岸下午茶」節目，主講「兵法・戰爭與人生」（孫子、孫臏、孔明三家）。

△十二月一日，第六次44同學會（台大鹿鳴堂），到有：我、林鐵基、童榮南、解定國、周念台、盧志德、高立興、劉昌明。

民國九十三年（二〇〇四）五十三歲

△二月二十五日，第七次44同學會（台大鹿鳴堂），到有：周立勇、高立興、童榮南、鍾聖賜、林鐵基、解定國、周念台、盧志德、劉昌明和我共10人。

△春季，參加許多政治活動，號召推翻台獨不法政權，三月陳水扁自導自演「三一九槍擊作弊案」。

△三月，《大陸政策與兩岸關係》出版，黎明出版社。

△五月二十八日，大哥張冬隆發生車禍，二週後的六月四日過逝。

△五月，《五十不惑》（前傳）出版，時英出版社。

△六月，第八次44同學會（台大鹿鳴堂），到有：我、周立勇、童榮南、林鐵基、解定國、袁國台、鍾聖賜、高立興。

△八月十一到十四日，參加佛光山第十二期全國教師生命教育研習營。

△十月十九日，第九次44同學會（台大鹿鳴堂），到有：我、童榮南、周立勇、高應興、解定國、盧志德、周小強、鍾聖賜、林鐵基。

△今年在空大講「政府與企業」，並受邀參與復興電台「兩岸下午茶」節目。

△今年完成龍騰出版公司《國防通識》（高中課本）計畫案合作伙伴有李文師（政大教官退）、李景素（文化教官退）、項台民（彰化高中退）、陳國慶（台大教官）。計有高中二年四冊及教師用書四冊，共八冊課本。

△十二月，《軍事研究概論》出版（全華科技），合著者九人：洪松輝、許競任、秦昱華、陳福成、陳慶霖、廖天威、廖德智、劉鐵軍、羅慶生，都是對國防軍事素有專精研究之學者。

民國九十四年（二〇〇五）五十四歲

△二月十七日，第十次44同學會（台大鹿鳴堂），到有：我、陳鏡培、鍾聖賜、金克強、解定國、林鐵基、高立興、袁國台、周小強、周念台、盧志德、劉昌明，共12人。

△六月十六日，第十一次44同學會（台大鹿鳴堂），到有：我、盧志德、周立勇、解定國、陳鏡培、童榮南、金克強、鍾聖賜、劉昌明、林鐵基、袁國台。

△八月，計畫中的《中國春秋》雜誌開始邀稿，除自己稿件外，有楊小川、路復國、廖德智、王國治、一飛、方飛白、郝艷蓮等多人。

△十月，創刊號《中國春秋》雜誌發行，第四期後改《華夏春秋》，實務行政全由鄭聯臺、鄭聯貞、陳淑雲、陳金蘭負責，妹妹鳳嬌當領導，我負責邀稿，每期印一千五百本，大陸寄出五百本。

△持續在台灣大學聯合辦公室當志工。

△今年仍在龍騰出版公司主編《國防通識》；上復興電台「兩岸關係」節目。

民國九十五年（二〇〇六）五十五歲

△元月《中國春秋》雜誌第二期發行，作者群有周興春、廖德智、李景素、王國治、路復國、一飛、范揚松、蔣湘蘭、楊小川等。

△二月十七日，第十二次44同學會（台大鹿鳴堂），到有：劉昌明、高立興、陳鏡培、盧志德、林鐵基、金克強和我共7人。

△四月，《中國春秋》雜誌第四期發行。

△六月，第十三次44同學會（台大鹿鳴堂），到有：我、周小強、解定國、高立興、袁國台、林鐵基、劉昌明、盧志德。

△七月到九月，由時英出版社出版中國學四部曲，四本約百萬字：《中國歷代戰爭

新詮》、《中國近代黨派發展研究新詮》、《中國政治思想新詮》、《中國四大兵法家新詮》。

△七月十二到十六日，參加佛光山第十六期全國教師生命教育研習營。

△七月，原《中國春秋》改名《華夏春秋》，照常發行。

△九月，《春秋記實》現代詩集出版，時英出版社。

△十月，第五期《華夏春秋》發行。

△十月二十六日，第十四次44同學會（台大鹿鳴堂），到有：我、金克強、周立勇、解立國、林鐵基、袁國台、高立興。

△十一月，當選中華民國新詩學會第二屆理事，任期到九十九年十一月十一日。

△《華夏春秋》第六期發行後，無限期停刊。

△高中用《國防通識》（學生課本四冊、教師用書四冊）逐一完成，可惜龍騰出版公司後來的行銷欠佳。

民國九十六年（二〇〇七）五十六歲

△元月三十一日，第十五次44同學會（中和天香回味鍋），到有：我、解定國、盧志德、高立興、林鐵基、周小強、金克強、劉昌明。

△二月，《國家安全論壇》出版，時英出版社。

△二月一日，到國防部資電作戰指揮部演講，主題「兩岸關係與未來發展：兼論台灣最後安全戰略的探索」。

△二月，《性情世界：陳福成情詩集》出版，時英出版社。

△三月十日，在「秋水詩屋」，與涂靜怡、莫云、琹川、風信子四位當代大詩人研究，幫我取筆名「古晟」。以後我常用這個筆名，有一本詩集就叫《古晟的誕生》。

△五月，當選中國文藝協會第三十屆理事，任期到一百年五月四日。

△五月十三日，母親節，與妻晚上聽鳳飛飛的演唱會，可惜二〇一二年初病逝，我為她寫一首詩「相約二十二世紀，鳳姐」。

△六月六日，第十六次44同學會（台大鹿鳴堂），到有：我、解定國、高立興、盧志德、周小強、金克強、林鐵基。

△六月十九日，榮獲中華民國新詩學會「詩運獎」，在文協九樓頒獎，由文壇大老鍾鼎文先生頒獎給我。

△十月，小說《迷情•奇謀•輪迴：被詛咒的島嶼》（第一集）出版，文史哲出版社。

△十月十六日，第十七次44同學會（台大鹿鳴堂），到有：我、周立勇、解定國、張安麟、林鐵基、盧志德。

△十月三十一日到十一月四日，參加由文協理事長綠蒂領軍，應北京中國文聯邀訪，

一行人有綠蒂、林靜助、廖俊穆、蘇憲法、李健儀、簡源忠、郭明福、廖繼英、許敏雄和我共10人。

△十一月七日，同范揚松、吳明興三人到慈濟醫院看老詩人文曉村先生。

△十二月中旬，大陸「中國文藝藝術聯合會」一行到文協訪問，綠蒂全程陪同，十六日由我陪同參觀故宮，按其名冊有白淑湘、李仕良等14人。

△十二月十九日，到台中拜訪詩人秦嶽，午餐時他聊到「海鷗」飛不起來了。

△十二月二十二日上午，在國父紀念館參加由星雲大師主持的皈依大典，成為大師座下臨濟宗第四十九代弟子，法名本肇。一起皈依的有吳元俊、吳信義、關麗蘇四兄姊弟，這是一個好因緣。

△十二月二十七日，《青溪論壇》成立，林靜助任理事長，我副之，雪飛任社長。

△十二月，有三本書由文史哲出版社出版：《頓悟學習》、《公主與王子的夢幻》、《春秋正義》。

民國九十七年（二〇〇八）五十七歲

△元月五日（星期六），第一次在醉紅小酌參加「三月詩會」，到民國一〇三年底退出。

△元月二十四到二十八日，與妻參加再興學校舉辦的海南省旅遊。

△二月十三日，到新店拜訪天帝教，做《天帝教研究》的準備。

△二月十九日，第十八次44同學會（新店富順樓），到有：我、高立興、解定國、林鐵基、盧志德、金克強、周小強。

△三月二日，參加「全國文化教育界新春聯歡會」，馬英九先生來祝賀，前台大校長孫震、陳維昭等數百人，文壇司馬中原、綠蒂、鍾鼎文均到場，盛況空前。這是大選的前奏曲。

△三月十二日，參加中國文藝協會理監事聯席會議。

△三月，《新領導與管理實務》出版，時英出版社。

△五月十三日下午二時，四川汶川大地震，電話問成都的雁翼，他說還好。

△六月十日，第十九次44同學會（在山東餃子館），到有：我、童榮南、高立興、解定國、袁國台、盧志德、金克強、張安祺。

△六月二十二日，參加青溪論壇社舉辦的「推展華人文化交流及落實做法」，我提報論文「閩台民間信仰文化所體現的中國政治思想初探」，其他重要提文報告人有林靜助、封德屏、陳信元、潘皓、台客、林芙容、王幻、周志剛、一信、徐天榮、漁夫、落蒂、雪飛、彭正雄。

△七月十八日，與林靜助等一行，到台南參加作家交流，拜訪本土詩人林宗源。

△七月二十三日到二十九日，參加佛光山短期出家。

△八月十五日到二一日，參加青溪新文藝學會理事長林靜助主辦「江西三清山龍虎山之旅」，並到九江參加文學交流會。同行者有我、林靜助、林精一、蔡雪娥、彭正雄、金筑、台客、林宗源、邱琳生，鍾順文、賴世南、羅玉葉、羅清標、吳元俊、蔡麗華、林智誠、共16人。

△十月十五日，第二十次44同學會（台大鹿鳴堂），到有：我、陳鏡培、解定國、盧志德、同小強、童榮南、袁國台、林鐵基、黃富陽。

△十一月三十日，參加「湯山聯誼會」，遇老師長陳廷寵將軍。

△今年有兩本書由文史哲出版社出版：《幻夢花開一江山》（傳統詩）、《一個軍校生的台大閒情》。

△整理這輩子所寫的作品手稿約一人高，贈台大圖書館典藏。

民國九十八年（二〇〇九）五十八歲

△二月十日，第二一次44同學會（台大鹿鳴堂），到有：我、袁國台、解定國、高立興、童榮南、盧志德、黃富陽。

△六月，小說《迷情・奇謀・輪迴：進出三界大滅絕》（第二集）出版，文史哲出版社。

△六月上旬，第二二次44同學會（台大鹿鳴堂），到有：我、林鐵基、童榮南、袁國台、高立興、解定國、金克強、盧志德。

△六月十七、十八日，參加台大「退聯會」阿里山兩日遊。

△十月，小說《迷情・奇謀・輪迴：我的中陰身經歷記》（第三集）出版，文史哲出版社。

△十月六日，第二三次44同學會（公館越南餐），到有：盧志德、解定國、林鐵基、金克強、周小強和我。

△十一月六到十三日八天，參加重慶西南大學主辦「第三屆華文詩學名家國際論壇」，後四天到成都（第一次回故鄉）。此行我提報一篇論文「中國新詩的精神重建」（約兩萬多字），同行者另有雪飛、林芙蓉、李再儀、台客、鍾順文、林于弘、林精一、吳元俊、林靜助。

△十一月二十八日，到國軍英雄館參加「湯山聯誼會」，老將郝伯村批判李傑失了軍人氣節。

△十二月，《赤縣行腳・神州心旅》（詩集）出版，秀威出版公司。

△今年有三本書由文史哲出版社出版：《愛倫坡恐怖推理小說》、《春秋詩選》、《神劍與屠刀》。

民國九十九年（二〇一〇）五十九歲

△元月二十三日，由藝文論壇社和紫丁香詩刊聯合舉辦，「陳福成小說《迷情・奇謀・輪迴》評論會」，在台北老田西餐廳舉行。提評論文有金劍、雪飛、許其正、狼跋、謝輝煌、胡其德、易水寒等七家，與會有文藝界數十人。會後好友詩人方飛白也提出一篇。

△三月一日，第二四次44同學會（台大鹿鳴堂），到有：我、周小強夫婦、解定國、袁國台、林鐵基、盧志德、曹茂林、金克強、黃富陽、童榮南共11人。

△三月三十一日，「藝文論壇」和「創世紀」詩人群聯誼，中午在國軍英雄館牡丹廳餐敘。創世紀有張默、辛牧、落蒂、丁文智、方明、管管、徐瑞、古月，八人與會；藝文論壇有林靜助、雪飛、林精一、彭正雄、鄭雅文、徐小翠和我共7人參加。

△四月二一到二二日，台大溪頭、集集兩日遊，「台大退聯會」主辦。

△六月，《八方風雨・性情世界》出版，秀威出版社。

△六月八日，第二五次44同學會（台大鹿鳴堂），到有：我、金克強、郭龍春、解定國、高立興、童榮南、袁國台、林鐵基、盧志德、周小強、曹茂林，共11人。

△八月十七到二十日，參加佛光山「全國教師佛學夏令營」，同行有吳信義師兄等

多人。

△十月五日，第二六次44同學會（今起升格在台大水源福利會館），到有：曹茂林、解定國、童榮南、林鐵基、盧志德、周小強和我共7人。

△十月二六日到十一月三日，約吳信義、吳元俊兩位師兄，到山西芮城拜訪尚未謀面的劉焦智先生，我們因看「鳳梅人」報結緣。

△十一月，《男人和女人的情話真話》（小品）出版，秀威出版社。

△今年有四本書由文史哲出版社出版：《迴游的鮭魚》、《古道・秋風・瘦筆》、《山西芮城劉焦智鳳梅人報研究》、《三月詩會研究》。

民國一〇〇年（二〇一一）六十歲

△元月，小說《迷情・奇謀・輪迴》合訂本出版，文史哲出版社。

△元月二日，當選中華民國新詩學會第十三屆理事、任期到一〇四年一月一日。

△元月十日，第二七次44同學會（台大水源福利會館），到有：我、黃富陽、高立興、林鐵基、周小強、解定國、童榮南、曹茂林、盧志德、郭龍春共10人。

△二月，《找尋理想國》出版，文史哲出版社。

△二月十九日，在天成飯店參加「中國全民民主統一會」會員代表大會，吳信義、吳元俊兩位師兄也到，會場由王化榛會長主持。會中遇到上官百成先生，會後我

寫一篇文章「遇見上官百成：想起上官志標和楊惠敏」，刊載《新文壇》雜誌（26期，一〇一年元月）。

△三月二二日，上午參加「台大退聯會」理監事聯席會議。

△三月二五日，晚上在台大校總區綜合體育館開「台大逸仙學會」，林奕華也來了，認識她很久了，每回碰到她都很高興。

△四月，《我所知道的孫大公》（黃埔28期）出版，文史哲出版社。

△四月，《在鳳梅人小橋上：中國山西芮城三人行》出版，文史哲出版社。

△五月五日，參加緣蒂在老爺酒店主的「中國文藝協會三十一屆理監事會」，同時當選理事，任期到一〇四年五月五日。與會者如以下這份「原始文件」：

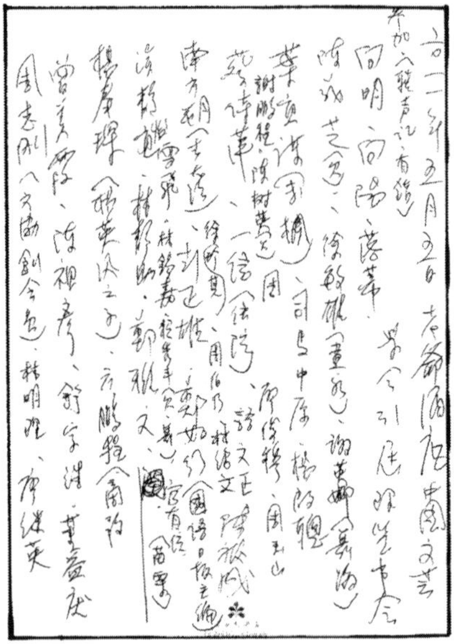
一〇一年五月五日 老爺酒店 中國文藝

向明、向陽、落蒂、

△五月，《漸凍勇士陳宏傳》出版，文史哲出版社。
△六月，《大浩劫後》出版，文史哲出版社。
△六月三日，第二八次44同學會（台大水源福利會館），到有：我、郭龍春、解定國、高立興、童榮南、林鐵基、盧志德、周小強、黃富陽、曹茂林、桑鴻文共11人。
△六月十一日，到師大參加「黃錦鋐教授九秩嵩壽華誕聯誼茶會」，黃伯伯就住我家樓上，他已躺了十多年，師大仍為他祝壽，真很感人。
△七月，《台北公館地區開發史》出版，唐山出版社。
△七月七到八日，與妻參加台大退聯會的梅峰、清境兩日遊。
△七月，《第四波戰爭開山鼻視賓拉登》出版，文史哲出版社。
△八月，《台大逸仙學會》出版，文史哲出版社。
△八月十七到二十日，參加佛光山「全國教師佛學夏令營，主題「增上心」。
△九月九日到二十日，台客、吳信義夫婦、吳元俊、江奎章和我共六人，組成「山西芮城六人行」，前兩天先參訪鄭州大學。
△十月十二日，第二九次44同學會（台大水源福利會館），到有：我、黃國彥、解定國、高立興、童榮南、袁國台、林鐵基、周小強、金克強、黃富陽、郭龍春、桑鴻文、盧志德、曹茂林，共14人。
△十月十四日，邀集十位佛光人中午在台大水源會館雅聚，這十人是范鴻英、刑筱

容、陸金竹、吳元俊、吳信義、江奎章、郭雪美、陳雪霞、關麗蘇。

△十一月十日，台大社團晚會表演，在台大小巨蛋（新體育館），由我吉他彈奏，吳普炎、吳信義、吳元俊、周羅通和關麗蘇合唱三首歌，「淚的小花」、「茉莉花」、「河邊春夢」。

民國一〇一年（二〇一二）六十一歲

△元月四日，第三十次44同學會（台大水源福利會館），到有：我、桑鴻文、高立興、林鐵基、解定國、童榮南、袁國台、盧志德、金克強、曹茂林、郭龍春、陳方烈。

△元月十四日，大選・藍營以689萬票對綠營609萬票，贏得有些辛苦。基本上「九二共識」、「一中各表」已是台灣共識。

△《中國神譜》出版（文史哲出版社，二〇一二年元月）。

△二月，寫一張「保證書」給好朋友彭正雄先生，把我這輩子所有著作全送給他，由他以任何形式、文字，在任何地方出版發行。這是我對好朋友的回報方式。

△二月，開始規畫、整理出版《陳福成文存彙編》，預計全套八十本（總字數近千萬），由彭正雄所經營的文史哲出版社出版。

△二月十九日中午，葡萄園詩刊同仁在國軍英雄館餐聚，到會有林靜助、曾美玲、

杜紫楓、李再儀、台客、賴益成、金筑和我八人。大家商討今年七月十五日是葡萄園的五十大壽，準備好好慶祝。

△三月二十二日，倪麟生事業有成宴請同學《公館自來水博物館內》，到有：我、倪麟生、解定國、高立興、盧志德、曹茂林、郭龍春、童榮南、桑鴻文、李台新，共十人。

△《金秋六人行：鄭州山西之旅》出版（文史哲出版社，二〇一二年三月）。

△《從皈依到短期出家》（唐山出版社，二〇一二年四月）。

△《中國當代平民詩人王學忠》出版（文史哲出版社，二〇一二年四月）。

△《三月詩會二十年紀念別集》（文史哲出版社，二〇一二年六月）。

△五月十五日，第三一次44同學會（台大水源福利會館），到有：我、陳方烈、桑鴻文、解定國、高立興、童榮南、林鐵基、盧志德、周小強、金克強、曹茂林、李台新、倪麟生，共十三人。

△九月有三本書出版：《政治學方法論概說》、《西洋政治思想史概述》、《最自在的是彩霞》，文史哲出版社。

△十月二十二日，第三二次44同學會（台大水源福利會館），到有：我、解定國、高立興、童榮南、林鐵基、盧志德、李台新、桑鴻文、郭龍春、倪麟生、曹茂林、

周小強，共十二人。

△《台中開發史：兼龍井陳家移台略考》出版，文史哲出版，二〇一二年十一月。

△十二月到明年元月，大愛電視台記者紀儀羚、吳怡旻、導演王永慶和另三位攝影師，一行六人，來拍「陳福成講公館文史」專集節目，在大愛台連播兩次。

民國一〇二年（二〇一三）六十二歲

△元月十一日，參加「台大秘書室志工講習」，並為志工講「台大・公館文史古蹟」（上午一小時課堂講解，下午三小時現場導覽）。

△元月十五日，「台大退休人員聯誼會」理監事在校本部第二會議室開會，並選舉第九屆理事長，我意外當選理事長，二二日完成交接，任期兩年。

△元月十七日，第三三次44同學會（台大水源福利會館），到有：我、倪麟生、林鐵基、桑鴻文、解定國、高立興、盧志德、周小強、曹茂林、郭龍春、陳方烈、余嘉生、童榮南，共十三人。

△二月，《嚴謹與浪漫之間：詩俠范揚松》出版，文史哲出版社。

△三月，當選「中國全民民主統一會」執行委員，任期到一〇三年三月二十八日。（會長王化榛）。

△三月，《讀詩稗記：蟾蜍山萬盛草齋文存》出版，文史哲出版社。

△五月，《與君賞玩天地寬：陳福成作品評論和迴響》、《古晟的誕生：陳福成60詩選》、《迷航記：黃埔情暨陸官44期一些閒話》三書出版，由文史哲出版社出版發行。

△五月十三日，第三四次44同學會（台大水源福利會館），到有：我、李台新、解定國、高立興、林鐵基、童榮南、盧志德、金克強、曹茂林、虞義輝、郭龍春、桑鴻文、陳方烈、倪麟生、余嘉生、共十五人。

△七月，《孫大公的思想主張書函手稿》、《日本問題終極處理》、《一信詩學研究》三書出版，均文史哲出版社。

△七月四日，鄭雅文、林錫嘉、彭正雄、曾美霞、落蒂和我共六個作家詩人，在「豆豆龍」餐廳開第一次籌備會，計畫辦詩刊雜誌，今天粗略交換意見，決定第二次籌備會提出草案。

△八月十三到十六日，參加佛光山「教師佛學夏令營」，同行尚有吳信義、關麗蘇。

△八月三十一日，為詩人朋友導覽公館古蹟，參加者有范揚松、藍清水夫婦、陳在和、吳明興、胡其德、吳家業、許文靜、鍾春蘭、封枚齡、傅明其。

△九月七日，上午在文協舉行《一信詩學研究》新書發表會及討論，由綠蒂主持。

△九月十日，假校總區第二會議室，主持「台大退休人員聯誼會」第九屆第四次理

監事聯席會議，會中由會員組組長陳志恆演講，題目「戲緣——京劇與我」。
△九月二七日，參加「台大文康會各分會負責人座談會暨85週年校慶籌備會議」，地點在台大巨蛋，由文康會主委江簡富教授（電機系）主持，各分會負責人數十人到場。
△十月七日，第三五次44同學會（改在北京樓），到有：我、余嘉生、解定國、虞義輝、童榮南、盧志德、郭龍春、桑鴻文、李台新、陳方烈、袁國台，共十一人。
△十月十二日，在天成飯店（火車站旁），參加「中國全民民主統一會」第七屆第二次執監委聯席會。討論會務發展及明春北京參訪事宜。
△十月十九日，由台大三個社團組織（教授聯誼會會長游若篍教授、職工聯誼會秘書楊華洲、退聯會理事長我本人）聯合舉辦「未婚聯誼」，在台大巨蛋熱鬧一天，到場有第二代子女近四十人參加。
△十一月九日，重慶西南大學文學系教授向天淵博士來台交流講學，中國詩歌藝術學會理事長林靜助先生，在錦華飯店邀請「兩岸比較文學論壇」，我和向教授在兩年前有一面之緣。
△十一月十二日，假校總區第二會議室，主持「台大退聯會」第十屆第五次理監事聯席會議。陳定中將軍蒞臨演講，題目「原子彈與曼哈頓計劃的秘密」，另討論十二月三日會員大會事宜。

△十一月十三日，小路（路復國同學）來台北開會，中午我和老袁（袁國台）與他相見，老袁請吃牛肉麵，我在「新光」高層請喝咖啡賞景。

△十一月二十四日，台大退聯會、教聯會和職工會合辦「兩性聯誼」活動，第三場在文山農場，場面熱鬧。

△十一月二十八日，晚上，台大校慶文康晚會在台大巨蛋舉行，退聯會臨時組合唱團由我吉他伴奏參加，也大受歡迎。

△十二月三日上午，台大退聯會在第一會議室舉行年度大會，近兩百教職員工參加，主秘林達德教授代表校長致詞，歷屆理事長（宣家驊將軍、方祖達教授、楊建澤教授、丁一倪教授）均參加，我自今年元月擔任理事長以來，各方反應似乎還算滿意。

△十二月十日，約黃昏時，岳父潘翔皐先生逝世，高壽九十四歲，福壽雙全，除老人退化病外，無任何重症，睡眠中無痛而去，真是福報。他們兒女決定簡約辦理，十七號舉行告別式。

△十二月十八日，中午，參加在「喜萊登」由鄭雅文小姐主持成立的「華文現代詩刊」，到會有主持鄭雅文、筆者及麥穗、莫渝、林錫嘉、范揚松帶秘書曾詩文、曾美霞、龔華、劉正偉、雪飛等。

△十二月二十二日，在「儷宴會館」（林森北路），參加44期北區同學會，改選理監事及會長，虞義輝當選會長，我當選監事。
△十二月三十日，這幾年，每年年終跨年，一群詩人、作家都在范揚松的大人物公司跨年，今年也是，這次有：范揚松、胡爾泰、方飛白、許文靜、傅明琪、劉坤靈、吳家業、梁錦鵬、吳明興、陳在和及筆者。

民國一〇三年（二〇一四）六十三歲

△元月五日，與妻隨台大登山會走樟山寺，到樟山寺後再單獨走到杏花林，中午在「龍門客棧」午餐，慶祝結婚第34年。
△元月九日，爆發「梁又平事件」（詳見《梁又平事件後：佛法對治風暴的沈思與學習》乙書）。
△元月十一日，在天成飯店參加「中國全民民主統一會」執監委員會，由會長王化榛主持，並確定三月北京行名單。
△元月十二日，與妻隨台大登山會走劍潭山，沿途風景優美。
△元月二十四日，參加台大志工講習會，會後參觀台大植博館。
△元月、二月，有三本書由文史哲出版，《把腳印典藏在雲端》、《台北的前世今生》、《奴婢妾匪到革命家之路：謝雪紅》。

△春節，那裡也沒去，每天照常在新店溪畔散步、寫作、讀書。

△二月九日，參加「台大登山會」新春開登，目的地是新莊牡丹心環山步道」，在泰山、林口接壤的牡丹山系，全天都下著不小的雨，考驗能耐。我和信義、俊歌兩位師兄，都走完全程，各領一百元紅包。

△二月十八日，中午與食科所游若簌教授共同主持兩個會，教授聯誼會邀請台北市教育局長林奕華演講，及「千歲宴」第二次籌備會。到會另有職工會秘書華洲兄、陳梅燕等十多人。

△二月廿一、廿二日，長青四家夫妻八人（虞、張、劉、我及內人們），在張哲豪的基隆「公館」度假，並討論四月花蓮行，決議四月十四、十五、十六共三天到花蓮玩。

△三月三日，中國文藝協會以掛號專函通知，榮獲第五十五屆中國文藝獎章文學創作獎，將於五月四日參加全國文藝節大會，接受頒獎表揚。

△三月八日，晚上在三軍軍官俱樂部文華廳，參加由中國文藝協會理事長王吉隆先生所主持的理監事聯席會，有理監事周玉山、蘭觀生、曾美霞、徐菊珍等十多人參加。

△三月十日，由台大教聯會主辦，退聯會和職工會協辦，邀請台北市教育局長林奕

華演講，主題關於十二年國教問題，中午十二時到下午一點三十圓滿完成（在台大第一會議室）。

△三月十六日，三月是台大的「杜鵑花節」，每年三月的假日，我們擔任台大秘書室的志工們，都輪值校門口「坐台」（服務台），招呼人山人海的參訪來賓。今天上午九時到下午一時我值班，下班立即前往第一殯儀館「鼎峰會館」，向陳宏大哥上香致敬，並以《漸凍勇士陳宏傳：他和劉學慧的傳奇故事》一書代香花素果，獻於陳大哥靈前。此因十八號他的追思會我在台大有兩個重要會議要開，向學慧師姊說了先來拈香，我也因寫了陳宏的回憶錄，和他有心靈感應，他也給我的人生有重大啟示，故向陳宏大哥獻書，願他一路好走，在西方極樂世界修行，別再重回六道，受人間諸苦。

△三月十八日，上午主持今年第一次「台大退休人員聯誼會」理監事會，並邀請吳信義學長會後演講，到有全體理監事各組長二十多人。下午參加校長楊泮池主持的「退休人員茶會」，按往例我參與茶會並在會中報告退聯會活動，陳志恆小姐隨同我參加，在現場「招兵買馬」，成效甚佳。

△三月二十日，上午到二殯參加海軍少將馬振崑將軍公祭（現役五十七歲），我以台大退聯會理事長身份主祭，信義和俊歌兩位師兄與祭。現場有高華柱、嚴明、葉昌桐等高級將領，至少有五十顆星星以上。

下午，到翔順旅行社（松江路）參加北京行會議，下週二共二十人參加這次訪問。

△三月二十一日，中餐，在「台大巨蛋」文康交誼廳，參加由台大文康委員會主委

江簡富教授（電機系）所主持，「一〇三年文康會預算會議」，到有台大教職員各社團負責人近三十人。

△三月廿五到三十日，應中國全民民主統一會會長王化棒先生及信義、俊歌兩位師兄之邀請，以特約記者的身份參加全統會北京、天津參訪團，全團二十人。我們拜會天津、北京的中國和平統一促進會、黃埔軍校同學會等。（詳見我所著《中國全民民主統一會北京天津行：兼略論全統會的過去現在和未來發展》，文史哲出版）

△四月十四、十五、十六，近半年來我積極推動的「長青家族花蓮行」，終於成真，內心感到安慰極了。回想五年多來，長青家族的聚會竟如同打烊，太氣人了。這件事能促成，比我在花蓮擁有一甲地更值得。這心聲在三天旅遊中我沒說出來，今只在此說給大家聽，義輝、阿妙、阿張、金燕、劉建、Linda 和我妻，「以心傳心」傳給你們聽！

△五月二日，由中國文藝協會主辦，行政院文建會贊助指導，第五十五屆文藝獎章得獎人，今天在部份平面媒體公告，下列是聯合報資料。後天就是「五四文藝節」，將在三軍軍官俱樂部盛大慶祝並頒獎。據聞，副總統吳敦義將親自主持。

联合報.103.5.2.

〈聯副文訊〉二則

中國文藝獎章名單揭曉

由中國文藝協會主辦的中國文藝獎章，本年度榮譽文藝獎章得主為：廖玉蕙（文學類）、崔小萍（影視類）、陳陽春（美術類）、張炳煌（書法類）。

第五十五屆文藝獎章獲獎人為：王盛弘（散文）、鯨向海（新詩）、田運良（詩歌評論）、梁欣榮（文學翻譯）、陳福成（專欄）、洪能仕（書法）、吳德和（雕塑）、張璐瑜（水彩）、劉家正（美術工藝）、林再生（攝影）、戴心怡（國劇表演）、李蕭峻（客家戲表演）、梁月孆（戲曲推廣）、孫麗桃（民俗曲藝）、魏大為（音樂工作）、孫翠玲（舞蹈教學）、曾美霞、鄭雅文、鄔迅（文藝工作獎）楊寶華（文創及文化交流）、劉詠平（海外文藝工作獎）。（丹墀）

△五月四日，下午到晚上，參加全國文藝節及文藝獎章頒獎典禮，直到晚上的文藝晚會都在三軍軍官俱樂部。往年都是總統馬英九主持，今年他可能因母喪，改由副總統吳敦義主持。

△五月初的某晚，關雲的女兒打電話給我，媽媽走了！我很震驚，她是中國文藝協會會員、三月詩會詩友，六十五歲突然生病很快走了！怎不叫人感慨！

△五月二十日，籌備半年多的「台大退聯會千歲宴」，終於快到了，今天是退聯會上班日，大家做最後準備。中午到食科所午餐，三個分會（退聯會、教聯會、職工會），再開宴前會，確認全部參加名單和過程。

△五月廿二日，上午九點到下午兩點，千歲宴正式成功辦完，校長楊泮池教授也親臨致詞，和大家看表演、合照。今天到有八十歲以上長者近四十人，宣家驊將軍、方祖達教授等都到了。

△六月二日，今天端午節，中午在中華路典漾餐廳，由全統會會員（會長王化榛、秘書長吳信義、會員吳元俊，我等十多人），宴請天津來訪朋友，有些我們三月去天津已見過，他們到有：王平、劉正風、李偉宏、蔣金龍、錢鋼、商駿、吳曉琴、李衛新、賈群、陳朋，共十人。

△到六月止，近十個月來，完成出版的書有：《把腳印典藏在雲端：三月詩會詩人手稿詩》、《台北公館台大地區考古・導覽》、《我的革命檔案》、《中國全民民主統一會北京行》、《六十後詩雜記現代詩集》、《胡爾泰現代詩研究》、《從魯迅文學醫人魂救國魂說起》；另外，《臺大退聯會會務通訊》也正式出版，第

一版先給理監事會看，年底會員大會再印贈會員。

△六月十一日，《臺大會訊》報導「千歲宴」盛況如下：

退休人員、職工及教師聯誼分會舉辦千歲宴活動

為關懷退休人員較年長者平常較少於校園活動，文康會退休人員、職工及教師三個聯誼分會5月24日假綜合體育館文康室舉辦80歲以上「千歲宴」活動。出席名單包括：教務處課務組主任郭輔義先生、軍訓室總教官宣家驊、軍訓室教官鍾鼎文、軍訓室教官鄭義峰、總務處保管組股長林 參、總務處蕭添壽先生、總務處翁仙啓先生、圖書館組員柯環月女士、圖書館閱覽組股長王鴻龍、文學院人類系組員周崇德、理學院動物系教授李學勇、法學院王忠先生、法學院工王本源先生、醫學院組員洪林寶祝、醫學院組員連興潮、工學院電機系教授楊維禎、農學院生工系教授徐玉標、農學院園藝系教授方祖達、農學院技正路統信、農學院園藝系教授康有德、附設醫院護士曾廖日妹、農業陳列館主任劉天賜、圖書館組員紀張素瑩、附設醫院組員宋麗音、理學院海洋所技正鄭展堂、理學院化學系技士林添丁、附設醫院組員葉秀琴、附設醫院技佐王瓊瑛、附設醫院技士劉人宏、農學院農化系教授楊建澤、農學院農經系教授許文富、園藝系教授洪 立、農學院森林系教授汪 淮、軍訓室教官茹道泰、電機系技正郡依娣。

楊泮池校長與出席人員合影留念

《臺大校訊》，二〇一四年六月十一日，第四版。

△六月十三日，上午率活動組長關麗蘇、會員組長陳志恆、文康組長許秀錦，拜會位於新店的天帝教總會，他們有劉曉蘋、李雪允、郝寶驥、陳啟豐、陳己人等多位接待我們。議決九月十七日，台大退聯會組團（40人）參訪天帝教的天極行宮（在台中清水）。會後，中午在總會吃齋飯。

△六月十七日，主持台大退聯會理監事會，我主要報告《會務通訊》出版事宜，經

費籌劃等。

△六到七月，我的《華夏春秋》雜誌打烊後，曾有大陸朋友要在大陸復刊，江蘇的高保國搞一期又打烊了。最近遼寧的金土先生復刊成功，希望他能長長久久辦下去。以下是創刊號的封面和內首頁。

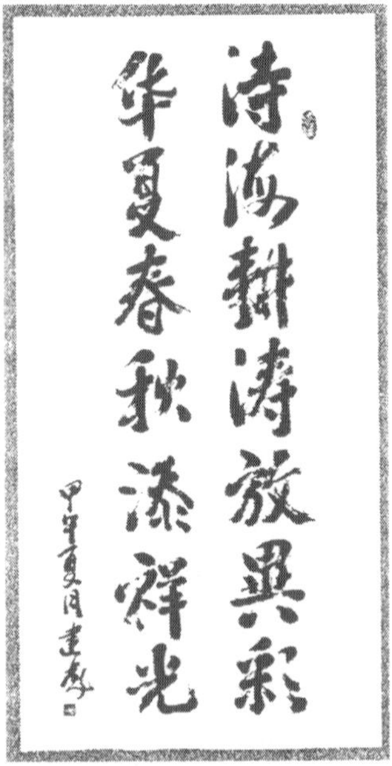

葫蘆島市環保局局長、本刊顧問羅建彪題。

本刊社長陳福成2009年於西南大學留影。

△到八月止：在文史哲出版社完成出版的著作，七、八月有：《留住末代書寫的身影》、《我這輩子幹了什麼好事》、《「外公」和「外婆」的詩》、《中國全民民主統一會北京天津行》。

△八月一到五日，參加「二〇一四佛光山佛學夏令營」，今年主題是「戒定慧」。同行的好友尚有：吳信義、吳元俊、關麗蘇、彭正雄。

△八月二十六日，主持「台大退休人員回娘家」聯歡餐會，在「台大巨蛋」文康室熱鬧一天，近百會員參加。

△九月二日，主持「台大退聯會」第九屆第七次理監事會，我在會中發表〈不連任、不提名聲明書〉，但全體理監事堅持要我接受提名連任，只好從善如流，接受承擔。

△九月十六日，下午參加由校長楊泮池教授主持的「退休人員茶會」，我的任務是報告「台大退聯會」概況並積極「招兵買馬」。

△九月十七日，率台大退休人員一行40人，到台中清水參訪「天帝教天極行宮」。

△九月到十月間，退聯會、聯合服務中心，工作和值班都照常，多的時間寫作、運動，日子好過，天下已不可為，就別想太多了。

△十一月四日，主持「台大退聯會」第九屆第八次理監事會，也是為下月二日年度

會員大會的籌備會，圓滿完成。

十二月二日，主持「台灣大學退休人員聯誼會」第九屆2014會員大會，所提名十五位理事、五位監事全數投票通過，成為下屆理監事。

△十二月十三日，下午參加《陸官44期同學理監事會》，會後趕回台大參加社團幹部座談、餐會。

△十二月十四日，三軍軍官俱樂部參加「中華民國新詩學會」理監事會。

△台大秘書室志工午餐（在鹿鳴堂），到有：叢曼如、孫茂鈴、郭麗英、朱堂生、吳元俊、吳信義、孫洪法、鄭美娟、簡碧惠、王淑孟、楊長基、宋德才、陳蓓蒂、許詠婕、郭正鴻、陳美玉、王來伴、蘇克特、許文俊、林玟妤來賓和筆者共21人。

△關於民一〇二、一〇三年重要工作行誼記錄，另詳見《台灣大學退休人員聯誼會第九任理事長記實》一書，文史哲出版。

民國一〇四年（二〇一五）六十四歲

△元月六日，主持「台大退休人員聯誼會」第十屆理監事，在校本部第二會議室開會投票，我連任第十屆理事長。

△關於民一〇四、一〇五年重要工作行誼記錄，詳見《台灣大學退休人員聯誼會第十任理事長記實暨2015－2016事件簿》（計畫出版）為準。